2択で始める「脱丸暗記」の英文法50

永井史郎
Shiro Nagai

三修社

はじめに

　「現在完了は経験・継続・完了・結果を表す」，「時と条件を表す副詞節の中では未来のことであっても現在形で表す」などといった説明をされ，難しい文法用語と事実の羅列をただただひたすら丸暗記させられる。そして覚えても覚えても次から次へと例外が現れる…そういったつらい丸暗記に留まらぬよう，解説では文法用語は可能な限り排除し，事実の羅列は避け，理解を促すように工夫をこらしました。

　プラス講義という箇所では理解が深められるような話を盛り込み，最低限度の基礎力（中学校レベル）の確認のためにPART2として練習問題がつけてあります。

　本書をうまく活用してつらかった丸暗記英語の世界を脱し，楽しい英語の世界へと一歩踏み出せることを願っております。

著者

CONTENTS

PART 1 …2択で始める…
脱丸暗記への集中講義 50

Q.1 《どっちが正解？》 ────────── 14
　① Does Kaori at home?
　② Is Kaori at home?
　　カオリは家にいますか。

Q.2 《どっちが正解？》 ────────── 16
　① He and I am cousins.
　② He and I are cousins.
　　彼と私とは従兄弟です。

Q.3 《どっちが正解？》 ────────── 18
　① There is three magazines on the table.
　② There are three magazines on the table.
　　テーブルの上に3冊雑誌があります。

Q.4 《どっちが正解？》 ────────── 20
　① The book is on the desk.
　② There is the book on the desk.
　　その本は机の上にあります。

Q.5 《どっちが正解？》 ────────── 22
　① Your son will can swim soon.
　② Your son will be able to swim soon.
　　息子さんはすぐ泳げるようになります。

CONTENTS

Q.6 《どっちが正解？》 ……………………………………………… 23
　① Ron willn't come here.
　② Ron won't come here.
　　　ロンはここには来ません。

Q.7 《どっちが正解？》 ……………………………………………… 24
　① I must take my children to the amusement park yesterday.
　② I had to take my children to the amusement park yesterday.
　　　昨日は子供たちを遊園地に連れて行かなければなりませんでした。

Q.8 《どっちが正解？》 ……………………………………………… 26
　① You should stop smoking.
　② You ought stop smoking.
　　　君はタバコをやめるべきだ。

Q.9 《どっちが正解？》 ……………………………………………… 28
　"Must I go with you?"
　　　「一緒に行かなければなりませんか？」
　① "No, you mustn't."
　② "No, you don't have to."
　　　「いいえ，その必要はありません」

Q.10 《どっちが正解？》 ……………………………………………… 30
　① Megumi can play the piano.
　② Megumi cans play the piano.
　　　メグミはピアノを弾くことができます。

Q.11 《どっちが正解？》 ──── 32

"Who prepares dinner every day?"
「毎日誰が夕食の用意をするの？」
① "My mother is."
② "My mother does."
「母です」

Q.12 《どっちが正解？》 ──── 36

"Who can play the guitar?"
「誰がギターを弾けるの？」
① "Tom does."
② "Tom can."
「トムです」

Q.13 《どっちが正解？》 ──── 40

① Who loves Mary?
② Does who love Mary?
誰がメアリーを愛しているのですか？

Q.14 《どっちが正解？》 ──── 44

I don't know who to believe.
① 誰を信じてよいかわからない。
② 誰が信じてくれるかわからない。

Q.15 《どっちが正解？》 ──── 46

"How long did you stay in London?"
「どの位ロンドンに滞在したのですか？」
① "For three weeks."
② "During three weeks."
「3週間です」

C☆O☆N☆T☆E☆N☆T☆S

Q.16 《どっちが正解？》 ……………………………………………… 48
① My father made me drive his new car yesterday.
② My father let me drive his new car yesterday.
父は昨日私に新車を運転させてくれた。

Q.17 《どっちが正解？》 ……………………………………………… 50
① The teacher teaches us today that the earth is round.
② The teacher taught us today that the earth is round.
先生は今日地球が丸いということを教えてくれました。

Q.18 《どっちが正解？》 ……………………………………………… 52
① I have been to Canada.
② I have gone to Canada.
私はカナダに行ったことがあります。

Q.19 《どっちが正解？》 ……………………………………………… 54
① Kaori jog in the park every morning.
② Kaori jogs in the park every morning.
カオリは毎朝公園をジョギングします。

Q.20 《どっちが正解？》 ……………………………………………… 56
① My late husband read books every day.
② My late husband reads books every day.
亡くなった夫は毎日本を読んでいました。

Q.21 《どっちが正解？》 ……………………………………………… 58
① Tom sometimes stay up late at night.
② Tom sometimes stays up late at night.
トムは時々夜更かしをすることがあります。

Q.22 《どっちが正解？》 ──── 62
① They **walk** in the park every morning.
② They **walks** in the park every morning.
彼らは毎日公園を散歩します。

Q.23 《どっちが正解？》 ──── 64
① A man with children **is** walking in the park.
② A man with children **are** walking in the park.
男の人が子供と一緒に公園を散歩しています。

Q.24 《どっちが正解？》 ──── 66
① The number of credit-card holders **is** increasing.
② The number of credit-card holders **are** increasing.
クレジットカード所有者の数が増えている。

Q.25 《どっちが正解？》 ──── 68
① Children **have been** absorbed in TV games these days.
② Children **are** absorbed in TV games these days.
最近子供たちがテレビゲームに夢中になっている。

Q.26 《どっちが正解？》 ──── 70
① If it **rains** tomorrow, the game will be called off.
② If it **will rain** tomorrow, the game will be called off.
明日雨天の場合には，試合は中止される。

Q.27 《どっちが正解？》 ──── 74
① If you **were** me, what would you do?
② If you **are** me, what would you do?
もしあなたが私だったら，どうしますか。

CONTENTS

Q.28 《どっちが正解？》 ……………………………………………… 78
① If Tom took the teacher's advice,
　he would have passed the entrance exam.
② If Tom had taken the teacher's advice,
　he would have passed the entrance exam.
　もしトムが先生のアドバイスを聞いていたら，入学試験に受かっていたのに。

Q.29 《どっちが正解？》 ……………………………………………… 82
① I have visited the museum two years ago.
② I visited the museum two years ago.
　私は2年前その博物館を訪れたことがあります。

Q.30 《どっちが正解？》 ……………………………………………… 86
① My wish is becoming a pilot.
② My wish is to become a pilot.
　私の望みはパイロットになることです。

Q.31 《どっちが正解？》 ……………………………………………… 88
① Don't forget to lock the door.
② Don't forget locking the door.
　戸に鍵をかけ忘れるな。

Q.32 《どっちが正解？》 ……………………………………………… 90
① The couple looked each other.
② The couple looked at each other.
　そのカップルは互いを見た。

Q.33 《どっちが正解？》 ……………………………………………… 92
① This book is her.
② This book is hers.
　この本は彼女のです。

Q.34 《どっちが正解？》 94

① My daughter never listens to me.
② My daughter never listens to mine.
娘は私の言うことを全然聞きません。

Q.35 《どっちが正解？》 96

① I'd like to learn new something.
② I'd like to learn something new.
できたら何か新しいことを学びたい。

Q.36 《どっちが正解？》 98

① I'll e-mail you about it till six.
② I'll e-mail you about it by six.
その件については6時までにメールします。

Q.37 《どっちが正解？》 100

① Harry is the tallest in my class.
② Harry is the tallest of my class.
ハリーは私のクラスの中で一番背が高いです。

Q.38 《どっちが正解？》 102

① Wine is made of grapes.
② Wine is made from grapes.
ワインはぶどうから作られている。

Q.39 《どっちが正解？》 104

① Harry is known for his bravery.
② Harry is known as his bravery.
ハリーはその勇敢さ（の面）で知られています。

CONTENTS

Q.40 《どっちが正解？》 110
① **He** is said that he is a great scholar.
② **It** is said that he is a great scholar.
彼は偉大な学者だと言われている。

Q.41 《どっちが正解？》 112
"I don't like sushi."
「私は寿司が好きではありません」

① "I don't **too**."
② "I don't **either**."
「私もです」

Q.42 《どっちが正解？》 114
① Have you finished your homework **already**?
② Have you finished your homework **yet**?
もう宿題は終わりましたか？

Q.43 《どっちが正解？》 116
① The USA is **very** larger than Japan.
② The USA is **much** larger than Japan.
米国は日本よりずっと広い。

Q.44 《どっちが正解？》 118
① I don't have **money as much as** Lucy has.
② I don't have **as much money as** Lucy has.
私はルーシーほどお金を持っていません。

Q.45 《どっちが正解？》 120
① Baseball is **popularer** than soccer in the USA.
② Baseball is **more popular** than soccer in the USA.
米国ではサッカーより野球のほうが人気です。

Q.46 《どっちが正解？》 122

① I have few CDs.
② I have a few CDs.
私は何枚か CD を持っています。

Q.47 《どっちが正解？》 124

① I have little money.
② I have a little money.
私は少ししかお金を持っていません。

Q.48 《どっちが正解？》 126

① How many books did you buy yesterday?
② How much books did you buy yesterday?
昨日何冊本を買ったの？

Q.49 《どっちが正解？》 128

① A black and white dog is running around in the park.
② A black and white dog are running around in the park.
黒と白のまだらの１匹の犬が公園を走り回っています。

Q.50 《どっちが正解？》 130

① The old man has a lot of money in the bank.
② The old man has a lot of moneys in the bank.
その老人は銀行にたくさんの預金があります。

CONTENTS

PART 2 …解いて徹底マスター…
脱丸暗記への練習問題

1　be 動詞　　134
2　一般動詞　　137
3　現在形　　140
4　過去形　　143
5　進行形　　146
6　未来表現　　149
7　助動詞　　152
8　a と the と名詞　　155
9　代名詞　　158
10　疑問詞　　161
11　比較（1）　　165
12　比較（2）　　168
13　命令文・感嘆文　　171
14　受動態　　174
15　現在完了　　177
16　-ing 形と過去分詞　　180
17　who, which, that の応用（関係代名詞）　　183
18　to 不定詞　　186

PART 1

2択で始める
脱丸暗記への集中講義50

● 脱丸暗記への  集中講義

《どっちが正解？》

① **Does** Kaori at home?
② **Is** Kaori at home?
　カオリは家にいますか？

 ポイント

◎ be動詞の疑問文

　　He is a student.「彼は学生です」

　　　　　　　　　　ここを入れ替える

⇒ **Is he** a student?「彼は学生ですか」

　be at home「家にいる」
　　She **is at home**.「彼女は家にいます」

【解説】

（Does, Is）を無視すると問題の英文は
　Kaori at home.
となって動詞がありません。

PART 2 - 練習問題 1 & 2 & 3 へ

be at home で「家にいる」という意味になることを知っていれば，be 動詞が抜けていることに気づきます。問題文は疑問文ですから，文頭に be 動詞があるはずです。
よって，正解は②です。

【さらに出来るようになるプラス講義】

be 動詞の意味は「ある，いる」です。

I think, therefore I **am**.「我思う，ゆえに我あり」

My son **is** a university student.「私の息子は大学生である」

Mary **is** in the kitchen.「メアリーは台所にいる」

I **am** here.「私はここにいる」

I **am** very busy now.「私は今とても忙しい（状態である）」

《正解》

② **Is** Kaori at home?
　カオリは家にいますか？

Q2

● 脱丸暗記への　　　　　集中講義

《どっちが正解？》

① He and I **am** cousins.
② He and I **are** cousins.
　彼と私とは従兄弟です。

> 主語が複数の場合，be 動詞は **are** が現在形，**were** が過去形。

【解説】

　この問題においては，I にしか目が行かないと am を選んでしまいますが，文の主語は，

He and I (am / are) cousins.
　　　　　　　　　　　　「彼と私とは従兄弟です」

and で結ばれているため，
ここ全体「彼と私」が主語。

He and I「彼と私」の2人です。つまり，複数です。したがって，正解は②になります。

《正解》

② He and I **are** cousins.
　彼と私とは従兄弟です。

Q3

● 脱丸暗記への　　　　　　　　　集中講義

《どっちが正解？》

① There **is** three magazines on the table.
② There **are** three magazines on the table.

テーブルの上に3冊雑誌があります。

ポイント

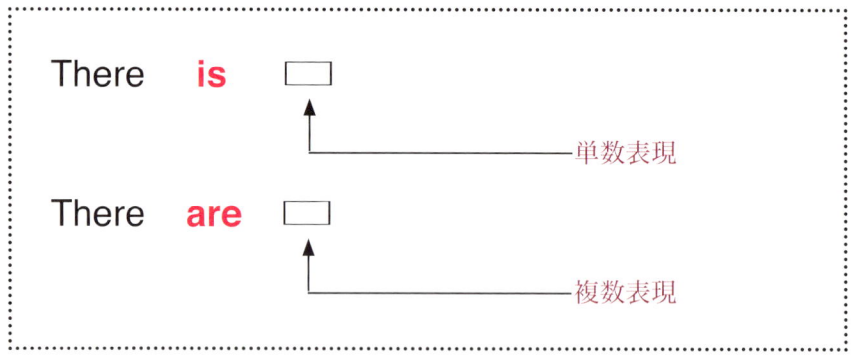

【解 説】

①は There is three magazine**s** on the table.

　　　　　　　　複数表現になっている ⇒ **is**の後は単数表現！

と，There is の後が複数表現になっています。There is の後ろには単数表現が来なければならないため，①は間違いです。きちんと **There are** ＋複数表現になっている②が正解です。

PART 2 - 練習問題 1 & 3 へ

② There **are** three magazine**s** on the table.

three magazines が複数表現だから **are** になる！

類例

There is a lot of **water** in the bucket.
「バケツにたくさん水が入っています」

water は数えられない名詞なので単数扱いですね。a lot of につられて
✗ There **are** a lot of water in the bucket.
としないよう注意しましょう。

● 【さらに出来るようになるプラス講義】

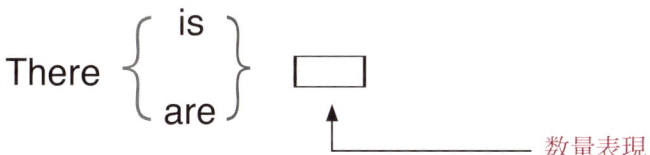

数量表現

There is [are] □ という表現の □ には，数量表現が入り，この場合 there の「そこ」という意味は薄れ，**there is [are]** □ という形で，□ がある［いる］ という意味になります。

There are a lot of people in Tokyo.
「東京にはたくさんの人がいます」

《正解》

② There **are** three magazines on the table.
テーブルの上に3冊雑誌があります。

19

● 脱丸暗記への　　　　　　　集中講義

 《どっちが正解？》

① **The book is** on the desk.
② **There is the book** on the desk.
その本は机の上にあります。

ポイント

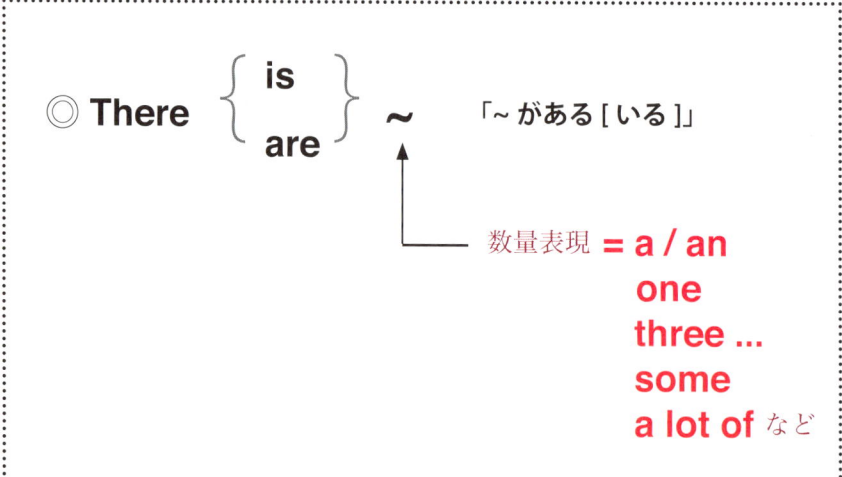

【解 説】

There is [are] ~ で「～がある［いる］」と言う場合，~ には通常「数量表現」が入ります。the やその仲間の表現（this, that, these, those , 所有格など）は入りません。

PART 2 - 練習問題 *8* へ

したがって，①が正解です。

【さらに出来るようになるプラス講義】

厳密に言えば，

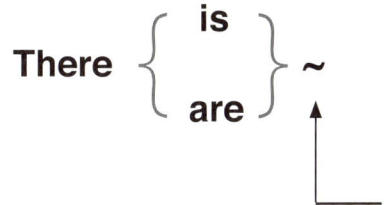

聞き手にとって新しい情報

になります。

　つまり，the book「その本」というのは，聞き手も知っている本のことであり，聞き手にとって新しい情報ではないため，不自然なのです。

✚ 例文

There are three books on the desk.
机の上に3冊本があります。

Your book is on the desk.
あなたの本は机の上にあります。

《正解》

① **The book is** on the desk.
　その本は机の上にあります。

Q5 PART 2 - 練習問題 7 へ

● 脱丸暗記への 集中講義

《どっちが正解？》

① Your son **will can** swim soon.

② Your son **will be able to** swim soon.

息子さんはすぐ泳げるようになります。

ポイント

◆法助動詞

◎ **will** ~「（きっと）～する」

◎ **can** ~「～する能力がある」

◎ **must** ~「～でなければならない」　~ には全て原形動詞が入る

◎ **may** ~「～であってもよい」

◎ **should** ~「～であって当然だ」

▶ 法助動詞を2つ続けて用いることはできない。

【解説】

　法助動詞は2つ続けて使うことができません。この問題のような場合には can を be able to と言い換えて使います。正解は②です。

《正解》

② Your son **will be able to** swim soon.

息子さんはすぐ泳げるようになります。

PART 2 - 練習問題 7 へ

● 脱丸暗記への　集中講義

《どっちが正解？》

① Ron **willn't** come here.

② Ron **won't** come here.

ロンはここには来ません。

will not = won't

will の否定形は will not ですが，これを短縮形にすると **willn't** とはならずに，**won't** になります。
したがって，正解は②です。

【さらに出来るようになるプラス講義】

can の否定形は通常 **cannot** とひと綴りにします。
短縮形は **can't** です。can not と分けて表記するのは強調など特別な場合だけです。

《正解》

② Ron **won't** come here.
ロンはここには来ません。

● 脱丸暗記への　　　　　　　集中講義

《どっちが正解？》

① I **must** take my children to the amusement park yesterday.

② I **had to** take my children to the amusement park yesterday.

昨日は子供たちを遊園地に連れて行かなければなりませんでした。

◎ 過去時制で must を用いる場合には **had to** ＋原形で代用する。

【解説】

　過去時制の文において must を用いたい場合には had to ＋原形で代用しなければなりません。

　本問は yesterday とある通り，過去時制の文ですから，must ではなく had to を用います。

> I [must / had to] take my children to the amusement park **yesterday**.

正解は②です。

PART 2 - 練習問題 7 へ

【さらに出来るようになるプラス講義】

次の例文のように過去時制の文であっても，従属節の中であればmust も had to も可能です。

Tom told me that he { **must** / **had to** } take his children to the amusement park.

「トムは子供たちを遊園地に連れていかなければならないと私に言った」

⊕ 例文

Tom said he must go.
行かなければとトムは言った。

《正解》

② I **had to** take my children to the amusement park yesterday.
昨日は子供たちを遊園地に連れて行かなければなりませんでした。

Q8

● 脱丸暗記への　　　　　　　集中講義

《どっちが正解？》

① You **should** stop smoking.
② You **ought** stop smoking.
君はタバコをやめるべきだ。

ポイント

◎ **should** V　　Vすべきだ
　　　　‖
　　　　原形

◎ **ought to** V　　Vすべきだ
　　　　‖
　　　　原形

【解説】

　本問は単純で，should の後ろには直接「原形動詞」が続くのに対し，ought の場合には，「to 原形」が続くことを知っているか聞いています。

　もしここで ought を選んだとすると，ought stop smoking となり，to なしで ought を使うことになってしまい不適切です。
　したがって，正解は ① となります。

PART 2 - 練習問題 7 へ

【さらに出来るようになるプラス講義】

should と ought to は同じ意味だと習うことが多いですし，あまりその区別に神経質になる必要はないと思いますが，下記のようなニュアンスの違いがあります。

```
◎ should  V
          ‖
         原形
              （話者が主観的に）
              V すべきだ（と思う）
```

```
◎ ought to  V
            ‖
           原形
              （規則や道徳などから客観的に見て）
              V すべきだ（と思う）
```

⊕ 例文

He ought to apologize to Mary for his rudeness.
彼はメアリーに失礼をわびるべきだ。

《正解》

① You should stop smoking.
　君はタバコをやめるべきだ。

● 脱丸暗記への　　　　　　Q9　　　　集中講義

《どっちが正解？》

"Must I go with you?"
「一緒に行かなければなりませんか？」

① "No, you **mustn't**."

② "No, you **don't have to**."
「いいえ，その必要はありません」

ポイント

◎ **must not** V　　　Vしてはいけない
　　　‖
　　　原形

◎ **don't have to** V　　Vする必要はない
　　　‖
　　　原形

【解 説】

　mustを使って「〜しなければいけませんか」と聞かれた時の答え方を問う問題です。

　「〜しなくてもよい」ということを伝えようとして，単純にmustの否定形must notを使ってしまうと，「〜してはいけない」と強い禁止の意味になってしまいます。

　「〜しなくてもよい，〜する必要はない」という意味を伝える場合にはhave toの否定形であるdon't have toを使います。

PART 2 - 練習問題 7 へ

本問で①を選んだ場合,「一緒に行ってはいけない」という意味になってしまい, 日本文の意味とは違う内容になってしまいます。

よって, 正解は②です。

【さらに出来るようになるプラス講義】

よく must = have to と習いますね。そのため, 否定文にした時には意味が変わるから気をつけるよう言われます（ポイント参照）。

しかし, もともと must と have to は意味の違うものなので, 初めから同じ意味だと言わずに下のように区別をしておけばよいと思います。

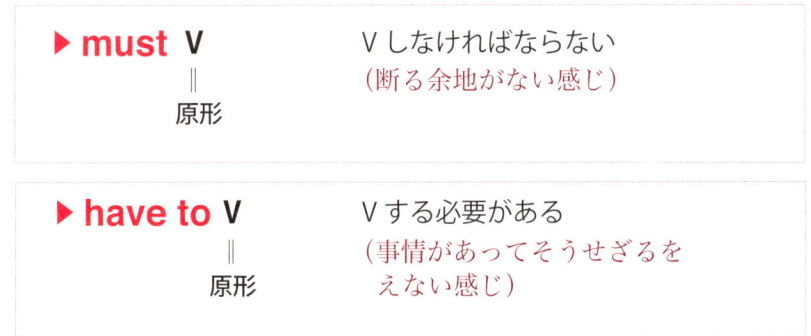

すると, must not ＋原形 V は「V しないということをしなければならない」わけですから,「V してはいけない」となり, don't have to ＋原形 V は単純に have to ＋原形 V を否定して,「V する必要はない」となります。

《正解》

② "No, you **don't have to**."
「いいえ, その必要はありません」

● 脱丸暗記への  集中講義

《どっちが正解？》

① Megumi **can** play the piano.
② Megumi **cans** play the piano.
　メグミはピアノを弾くことができます。

ポイント

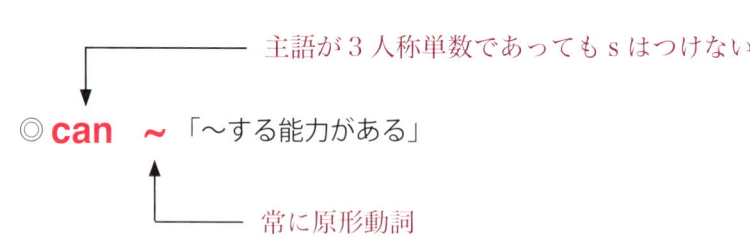

◎ 3人称単数 ⇒ he「彼」，she「彼女」，it「それ」で置き換えられるもの
◎ 3人称単数の主語で時制が現在の場合には動詞に s をつける

【解説】

　Megumi は she「彼女」で置き換えられるので 3 人称単数です。また日本文から時制が現在であることがわかります。
　普通なら動詞に s をつけるところですが，can は動詞ではないので s はつきません。したがって，① が正解です。

PART 2 - 練習問題 7 へ

【さらに出来るようになるプラス講義】

can の仲間たち（法助動詞。Q5 参照）

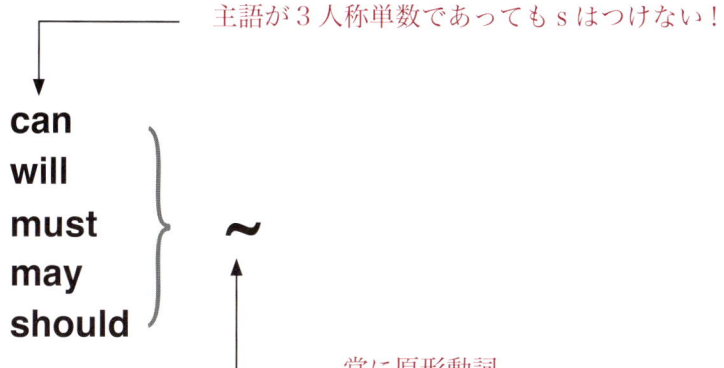

主語が3人称単数であってもsはつけない！

can
will
must
may
should

～

常に原形動詞

Mao **will** win.
「マオは（きっと）勝ちます」

You **must** study harder.
「君はもっと勉強しなければいけない」

You **may** go home now.
「もう帰っていいよ」

You **should** do your best.
「ベストを尽くすべきだ」

《正解》

① Megumi **can** play the piano.
　メグミはピアノを弾くことができます。

● 脱丸暗記への　　　　　　　　集中講義

《どっちが正解？》

"Who prepares dinner every day?"
「毎日誰が夕食の用意をするの？」

① "My mother **is**."
② "My mother **does**."
「母です」

◎ **Who** を主語にして聞かれた時の答え方

例）"Who loves Mary?"
「誰がメアリーを愛しているの？」
"Tom does."
「トムです」

例文の "Tom does." は，言葉の重複を考えなければ，

"Tom loves Mary."

となりますが，くどいので１語でまとめているわけです。

この場合だと，loves Mary の部分が重複しているのでまとめます。まとめるために使う単語ですが，時制を担っている動詞（あるいは助動詞）に注目してください。loves ですね。これは一般動詞（be 動詞

PART 2 - 練習問題 *1* & *2* & *3* & *10* へ

以外の動詞）なので do を使います。
　さらに3人称単数現在形であることも加味して does を使います。

　　"Tom **loves** Mary."
　　　　　↑
　　　　時制を担っているので注目！

　　　　重複箇所
　　"Tom **loves** Mary."
　　　　　↑
　　　　does でまとめる！← loves が一般動詞で3人称単数だから，does!

すると
　　"Tom **does**."
が得られます。

【解 説】

　本問において重複を避けずに "Who prepares dinner every day?" に答えたとすると，

My mother prepares dinner every day.

となり，重複している部分は prepares dinner every day です。時制を担っているのは prepares で，一般動詞の3人称単数現在形です。ということはポイントで例示したのと全く同じパターンになり，does で

置き換えればよいことになります。
　よって，正解は②です。

"My mother **prepares** dinner every day."
　　　　　　　　↑
　　　　　　　does ⇒ 一般動詞を使った表現で
　　　　　　　　　　　3人称単数だから，**does** に変える！

⇒ "My mother **does**."

【さらに出来るようになるプラス講義】

　本問では "My mother does." が正解になりましたが，では "My mother is." になるのはどのような時なのでしょうか。

"Who is preparing dinner?"
「(今) 誰が夕食の用意をしているの？」

と聞かれたとします。これに重複を厭わず「母です」と答えたとすれば，

"My mother is preparing dinner."

となりますが，is preparing dinner の部分が重複しています。そこで時制を担っている部分に注目し，1語での言いかえを試みます。

"My mother **is** preparing dinner."
　　　　　↑
　　　　時制を担っている（現在形）

時制を担っているのは is で be 動詞ですね。be 動詞が時制を担っている場合にはその be 動詞をそのまま残し，残りの重複箇所を削除します。

"My mother **is** preparing dinner."
　　　　　↑　　　　　↑
　　　　残す　　削除すると

"My mother **is**."
になります。

⊕ 例文

"Who lives in London?"
「誰がロンドンに住んでいるの？」

"My brother does."
「弟です」

《正解》

② "My mother **does**."
　　「母です」

● 脱丸暗記への　　　　　　　　集中講義

《どっちが正解？》

"Who can play the guitar?"
「誰がギターを弾けるの？」

① "Tom **does**."
② "Tom **can**."
「トムです」

◎ **Who を主語にして聞かれた時の答え方**

❶ 時制を担っているのが一般動詞の場合

"Who loves Mary?"
「誰がメアリーを愛しているの？」

"Tom **does**."
「トムです」

❷ 時制を担っているのが be 動詞の場合

"Who is preparing dinner?"
「(今) 誰が夕食の用意をしているの？」"

"My mother **is**."
「母です」

❸ 時制を担っているのが助動詞の場合

"Who can play chess?"
「誰がチェスをできるの？」

"Harry **can**."
「ハリーです」

【解 説】

本問において，"Who can play the guitar?" に重複を厭わずに答えたとすると，

"Tom can play the guitar."
「トムがギターを弾くことができます」

となりますが，can play the guitar の部分が重複しているため，1語でまとめてみます。その際，時制を担っている部分に注目します。

ここでは助動詞の can ですね。

重複箇所

"Tom can <u>play the guitar.</u>"
↑
時制を担っているのは助動詞の can（現在形）

時制を担っている can はそのまま残し，can 以外の重複箇所を削除します。

"Tom can <u>play the guitar.</u>"
↑　　　　↑
残す　　削除

すると

"Tom can."
「トムです」

になります。

注意が必要なのは，❶のパターンと混同して「play が一般動詞で Tom が 3 人称単数だから，does だ」と思ってはいけないということです。

　❶のパターンでは loves という一般動詞が時制を担っていますね。本問では時制を担っているのは can という助動詞であって，一般動詞の play ではありません。
　正解は②です。

✛ 例文

"Who can speak five languages?"
「誰が 5 か国語話せるの？」

"Tom can."
「トムです」

《正解》

② "Tom **can**."
　　「トムです」

Q13 ● 脱丸暗記への集中講義

《どっちが正解？》

① **Who loves** Mary?
② **Does who love** Mary?

誰がメアリーを愛しているのですか？

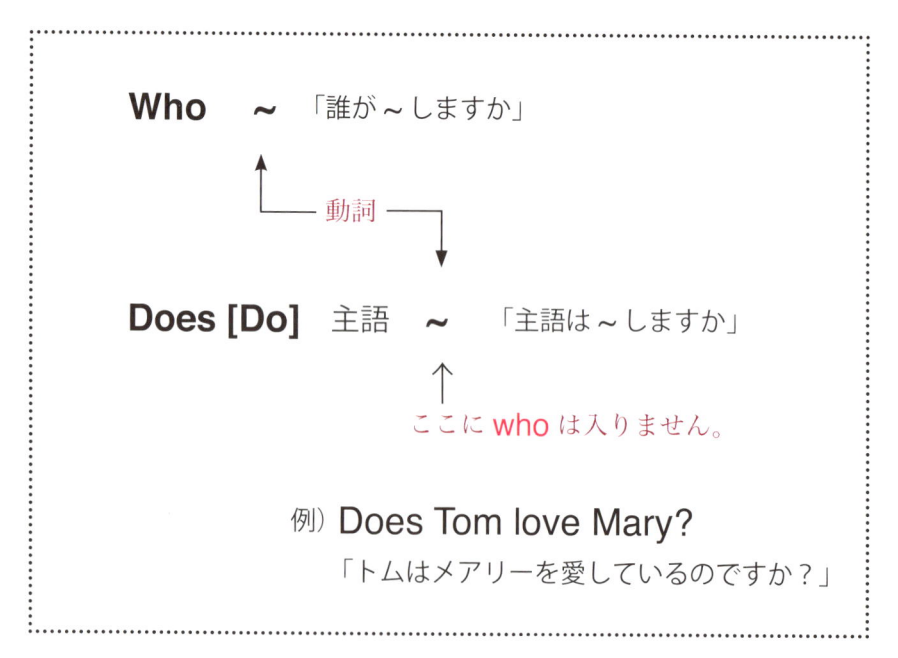

ポイント

Who ～　「誰が～しますか」

　　　　　── 動詞 ──

Does [Do] 主語　～　「主語は～しますか」

　　　　　　　　↑
　　　　ここに who は入りません。

例）Does Tom love Mary?
　　「トムはメアリーを愛しているのですか？」

【解 説】

「誰が～しますか」というように Who「誰が」が主語になる場合には，すぐ後ろに動詞が続き，Does ＋主語 ～ という語順にはなりません。

したがって，正解は ① です。

【さらに出来るようになるプラス講義】

◇ who が主語の場合には，

Who 動詞 ~

Who loves Mary?
「誰がメアリーを愛しているのですか？」

という形をとりますが，

◇ who が主語でない場合には，

疑問文の語順

i) **Who does Tom** love?
「誰をトムは愛していますか？」

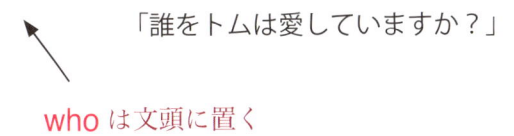

who は文頭に置く

のように who を文頭に置き，その後ろは疑問文の語順になります。

次のように考えるとわかりやすいでしょう。

「トムはメアリーを愛していますか？」は，

Does Tom love Mary?

ですね。

この文において，トムが愛している相手がメアリーであるとわからない場合には，

Does Tom love **Mary**?
↑
ここがわからないので，
ここに **who** を入れる！

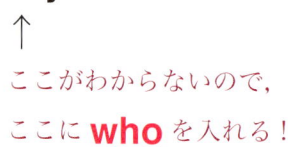

⇒ Does Tom love **who**?

とし，疑問詞（who, what, which, how, where など）は通常文頭に置かれるので，who を文頭に移動します。

☐ Does Tom love **who**?

文頭に移動

⇒ **Who** does Tom love?
「誰をトムは愛していますか？」

ⅰ）の例文になりましたね。

⊕ 例文

"Who does this wallet [book / watch] belong to?"
「この財布［本／時計］は誰のですか？」

《正解》

① **Who loves** Mary?
誰がメアリーを愛しているのですか？

Q14

● 脱丸暗記への　　　　　　　集中講義

《どっちが正解？》

I don't know **who** to believe.

① 誰を信じてよいかわからない。
② 誰が信じてくれるかわからない。

ポイント

$$\left\{\begin{array}{l}\text{who}\\ \text{which}\\ \text{what}\end{array}\right\} + \text{to 原形} \left\{\begin{array}{l}\text{「誰を~すべきか」}\\ \text{「どれを~すべきか」}\\ \text{「何を~すべきか」}\end{array}\right\}$$

など

【解説】

　who, which, what などの疑問代名詞の後ろに to 原形が続く場合、疑問代名詞は to 原形に対する目的語になっていなければなりません。

I don't know **what** to say.「何を言うべきかわからない」
　　　　　　　　↑
　　　　　what が to say の目的語になる

「何が言うべきかわからない」だと what が to say の主語になってしまいます。

したがって，この問の who to believe における who も to believe に対して「誰を」という目的語になっていなければなりません。

正解は①です。

類例

I don't know **who to** love.
「誰を愛すべきかわからない」

I don't know **which to** choose.
「どれを選ぶべきかわからない」

I don't know **what to** do.
「何をすべきかわからない」

《正解》

① I don't know **who** to believe.
誰を信じてよいかわからない。

Q15

● 脱丸暗記への　　　　　　　　　　　集中講義

《どっちが正解？》

"**How long** did you stay in London?"
「どの位ロンドンに滞在したのですか？」

① "**For** three weeks."

② "**During** three weeks."
「3週間です」

ポイント

◎ **for ~**「（どの位の長さかというと）〜の間」

⇒ How long ~? で聞かれた時に用いる

"**How long** did you stay in London?"
「どの位ロンドンに滞在したのですか？」

"**For** three weeks."
「3週間です」

◎ during ~「(いつのことかと言うと) ~の間」

⇒ When ~? で聞かれた時に用いる

"**When** did you stay in London?"
「いつロンドンに滞在したのですか？」

"**During** the three weeks of the vacation."
「3週間の休暇の間です」

【解 説】

本問においては How long ~? と尋ねられているので，ポイントに挙げた通り，for ~ の形で答えることになります。

正解は①です。

《正解》

① "**For** three weeks."
　「3週間です」

Q16

● 脱丸暗記への　　　　　集中講義

《どっちが正解？》

① My father **made** me drive his new car yesterday.
② My father **let** me drive his new car yesterday.
　父は昨日私に新車を運転させてくれた。

ポイント

◎ **make** … ~（原形）　「…に［を］強制的に〜させる」

I **made** Ron go there.
「ロンを（強制的に）そこに行かせた」

◎ **let** … ~（原形）　「…に［を］望み通り〜させる」

I **let** Ron go there.
「ロンを（望み通り）そこに行かせた」

【解説】

「…に～させる」と表現する場合、

強制的にさせる時には **make** を、
相手の望み通りにさせておく時には **let** を用います。

日本文からわかる通り、本問では「私」が強制されて運転したのではなく、望んでさせてもらったわけですから、正解には let、つまり②を選びます。

🔴【さらに出来るようになるプラス講義】

「…に～させる」という表現で、この他に「have … ～(原形)」という形もあります。

Harry **had** his secretary **type** the letter.
「ハリーは秘書にその手紙をタイプさせた。」

この形を用いるのは頼めばやってもらえるような状況においてです。必然、相手が目下の人、あるいはそれを職業にしている人になることが多くなります。

《正解》

② My father **let** me drive his new car yesterday.
　父は昨日私に新車を運転させてくれた。

Q17

● 脱丸暗記への　　　　　　　集中講義

《どっちが正解？》

① The teacher **teaches** us today that the earth is round.
② The teacher **taught** us today that the earth is round.

先生は今日地球が丸いということを教えてくれました。

ポイント

現在形　…　現実であることを表す

過去形　…　過去の事実であることを表す

● teach の不規則変化
原形　　　　　**teach**
過去形　　　　**taught**
過去分詞形　　**taught**

【解説】

　日本文に「今日」とあることと，The earth **is** ～とあることから，現在形の teaches かと思うかもしれませんが，「今日」は過去としても扱うことができます。

I **met** the famous singer today.
「今日その有名な歌手に会ったよ」

先生が教えたのは今日のすでに過ぎ去った時間なので，過去形です。また，教えたのが過去であっても，地球が丸いのは現実のことなので，The earth **is** ~ となるのも問題ありません。

したがって，正解は②です。

● 【さらに出来るようになるプラス講義】

The teacher taught us today that the earth $\begin{cases} \text{is} \\ \text{was} \end{cases}$ round.

多少のニュアンスの差はありますが，どちらの表現も可能です。

《正解》

② The teacher **taught** us today that the earth is round.
先生は今日地球が丸いということを教えてくれました。

Q18

《どっちが正解？》

① I have **been to** Canada.
② I have **gone to** Canada.
　私はカナダに行ったことがあります。

ポイント

◇ have **been to** ~　　「〜へ行ったことがある」

◇ have **gone to** ~　　「〜へ行ってしまった」

Ron **has gone to** England, so he is not here.
ロンはイングランドに行ってしまいました。だからここにはいません。

【解説】

「行ったことがある」という日本語に当たるのは have been to です。have gone to だと「行ったままでまだ帰って来ていない」という意味になってしまいます。

　正解は①です。

PART 2 - 練習問題 *15* へ

【さらに出来るようになるプラス講義】

　ここで扱った問題は筆者が中学生の頃うるさく注意された have gone to（結果の用法）と have been to（経験の用法）との使い分けの問題です。この問題は今でも学習参考書で扱われ続けています。

　しかしながら，実際の英語使用の場においては，

Have you ever gone to Canada?
カナダに行ったことがありますか？

のような have gone to を経験の意味で用いた例は数多く見られます（Google 等で検索して確かめてみるとよいでしょう）。また辞書類の例文にも見られるようになりました。今後この類の使い分けを問う問題は消えていくものと思われます。実際の言語事実を反映していないのですから。

⊕ 例文

I have gone to Dr. Suzuki for ten years now.
もう 10 年間鈴木先生のところに通っています。

《正解》

① I have **been to** Canada.
　　私はカナダに行ったことがあります。

Q19

《どっちが正解？》

① Kaori **jog** in the park every morning.
② Kaori **jogs** in the park every morning.

カオリは毎朝公園をジョギングします。

ポイント

◎ **3人称単数**　　⇒ he「彼」, she「彼女」, it「それ」で置き換えられるもの

◎ 3人称単数の主語で時制が現在の場合には動詞に s をつける

【解説】

Kaori「カオリ」は she「彼女」で置き換えられるので, 3人称単数です。

　日本文からわかるとおり, 時制は現在ですから, jog ではなく, jogs とならなければなりません。
　したがって, 正解は②です。

PART 2 - 練習問題 9 へ

【さらに出来るようになるプラス講義】

主格の人称代名詞

1人称	単数形	I「私」
	複数形	we「私たち」
2人称	単数形	you「あなた」
	複数形	you「あなたたち」
3人称	単数形	**he**「彼」 **she**「彼女」　ここが大事！ **it**「それ」
	複数形	they「彼ら，彼女ら，それら」

《正解》

② Kaori **jogs** in the park every morning.
カオリは毎朝公園をジョギングします。

Q20

● 脱丸暗記への　　　　　　　　　集中講義

《どっちが正解？》

① My late husband **read** books every day.
② My late husband **reads** books every day.

亡くなった夫は毎日本を読んでいました。

ポイント

◎ **3人称単数**　　⇒ he, she, it で置き換えられるもの

◎ 3人称単数の主語で時制が現在の場合には動詞に s をつける

◎ **read** は不規則変化

原形	**read**
過去形	**read**
過去分詞形	**read**

　My late husband「亡くなった夫」は he「彼」で置き換えられるので，3人称単数です。したがって，もし時制が現在であるならば，read ではなく，read**s** となり，②が正しいことになります。

　しかしながら，②を訳してみると，

　②「亡くなった夫は毎日本を読んでいます」

となり，死んだ人が今でも毎日本を読んでいるかのようで不自然です。

　よって本問の正解は過去形の read で，

①「亡くなった夫は毎日本を読んでいました」
という訳になります。

🔴【さらに出来るようになるプラス講義】

read のように原形・過去形・過去分詞形が同じもの

原形	過去形	過去分詞形
cut	cut	cut
let	let	let
put	put	put

Ron **cut** all the trees.

「ロンはその木を全て切りました」

Ron が3人称単数なのに **cut**s になっていないので過去形です。注意しましょう。

《正解》

① My late husband **read** books every day.
亡くなった夫は毎日本を読んでいました。

● 脱丸暗記への　　　　　　　Q21　　　　集中講義

《どっちが正解？》

① Tom sometimes **stay** up late at night.
② Tom sometimes **stays** up late at night.

トムは時々夜更かしをすることがあります。

ポイント

◎ **3人称単数**　　⇒ he, she, it で置き換えられるもの

◎ 3人称単数の主語で時制が現在の場合には動詞に s をつける

◎ sometimes「ときどき」

【解 説】

　トムは he で置き換えられるので3人称単数です。また日本文から時制は現在であることがわかります。

　したがって，動詞に s をつけなければなりません。

　sometime**s** につられて stay**s** にするのを忘れがちですが，sometimes は動詞ではなく，副詞であり，しかも元から sometimes という形で用いられる単語です。

　よって，正解は②です。

PART 2 - 練習問題 *2* & *3* へ

類例
Tom **always** stays up late at night.
「トムはいつも夜更かしをしている」

【さらに出来るようになるプラス講義】

頻度を表す副詞とその位置

● 頻度を表す副詞
always「いつも」，usually「ふつう」，often「しばしば」
sometimes「ときどき」，seldom「めったにない」
never「一度もない」

● 位置
ここでは，位置についてわかるようにしましょう。一般には，次のように学習します。
 (1) ☐　一般動詞
 (2) be 動詞　☐　　　　　☐が頻度を表す副詞の位置
 (3) 助動詞　☐

例：
◇ 一般動詞
 (1) Tom **sometimes** stays up late at night.
　　トムは時々夜更かしをすることがあります。

◇ be 動詞
 (2) He is **sometimes** late for school.
　　彼は時々学校に遅れることがあります。

◇ 助動詞
⑶ Love can **sometimes** waver.
　　時には愛情が揺らぐこともあります。

　しかし，皆さんがよくご存知の **not** という単語を使えばもっと簡単に位置が特定できます。
　まず，上の例文から頻度の副詞を全部取り除いて，not を使って否定文にしてみます。

⑷ Tom does**n't** stay up late at night.
　　トムは夜更かしをしません。

⑸ He **is not** late for school.
　　彼は学校に遅れません。

⑹ Love **cannot** waver.
　　愛情が揺らぐことはありえない。

この **not** の位置こそが頻度の副詞の出現する位置なのです。

では，not の位置に sometimes を入れてみましょう。

⑷ Tom does<u>n't</u> stay up late at night.
　　　　　　　↑
　　　　sometimes をこの位置に入れる
　　doesn't（あるいは don't）を sometimes に置き換える
⇒ Tom **sometimes** stays up late at night.［＝ ⑴］

(5) He is **not** late for school.
　　　　　↑
　　　sometimes をこの位置に入れる

　　　not だけ sometimes に置き換える
　　　↓
⇒ He is **sometimes** late for school. ［＝ (2)］

(6) Love can**not** waver.
　　　　　↑
　　　sometimes をこの位置に入れる

　　　not だけ sometimes に置き換える
　　　↓
⇒ Love can **sometimes** waver. ［＝ (3)］

(1), (2), (3) の例文全て出来上がりましたね。

《正解》

② Tom sometimes **stays** up late at night.
トムは時々夜更かしをすることがあります。

Q22

● 脱丸暗記への　　　　　　　　　集中講義

《どっちが正解？》

① They **walk** in the park every morning.
② They **walks** in the park every morning.

彼らは毎朝公園を散歩します。

ポイント

◎ 主格の人称代名詞の3人称

3人称	単数形	he「彼」
		she「彼女」
		it「それ」
	複数形	**they**「彼ら，彼女ら，それら」

◎ 3人称単数の主語で時制が現在の場合には動詞に s をつける

◎ 3人称であっても単数形でなく複数形（they）の場合には，時制が現在であっても動詞に s をつけない

PART 2 - 練習問題 **2** & **3** & **9** へ

【解 説】

they の訳が「彼ら，彼女ら，それら」であるため，3人称単数と勘違いして，動詞に s をつける間違いが見受けられます。

しかし，they は 3 人称ではありますが，複数形です。動詞に s はつけません。

したがって，正解は① です。

⊕ 例文

"Do they walk in the park every morning?"
「彼らは毎朝公園を散歩するのですか？」

"Yes, they do."
「はい，します」

《正解》

① They **walk** in the park every morning.
彼らは毎朝公園を散歩します。

Q23

《どっちが正解？》

① A man with children **is** walking in the park.
② A man with children **are** walking in the park.

男の人が子供と一緒に公園を散歩しています。

ポイント

◎ **3人称単数** ⇒ he, she, it で置き換えられるもの

◎ **be（動詞）の変化**

主語	現在	過去
I	am	was
3人称単数	is	was
you と複数	are	were

◎ **with ~**「～と一緒に」

動詞の変化は主語によって決まる！

> 主語　with ~　動詞

　上のような形の場合，動詞が単数形になるか複数形になるかは主語によって決まります。

PART 2 - 練習問題 **1** & **5** & **9** へ ➡

【解 説】

本問の場合には下記のように，

主語　　　　　　　　　　　動詞

The **man** with children { **is** / **are** } walking in the park.

主語が man で 3 人称単数なので，動詞もそれに合わせて 3 人称単数の形にします。「子供も一緒だから複数だ」と考えてはいけません。

主語 ⇒ 3 人称単数　　　動詞 ⇒ **主語に合わせて 3 人称単数に！**

The **man** with children { **is** / **are** } **walking** in the park.

are は 64 ページの be（動詞）の変化に記した通り，you と複数に対する現在形なのでここでは不適切です。

よって，正解は 3 人称単数現在形の is を用いた①ということになります。

《正解》

① A man with children **is** walking in the park.
　男の人が子供と一緒に公園を散歩しています。

Q24

● 脱丸暗記への　　　　　　　　　　集中講義

《どっちが正解？》

① The number of credit-card holders **is** increasing.
② The number of credit-card holders **are** increasing.

クレジットカード所有者の数が増えている。

ポイント

◎ **the number of ~**　「〜の数」
　　　　　　　　　↑
　　　　　　　　　数えられる名詞の複数形

◎ **number** が主語の場合　⇒ 動詞は3人称単数形

本問の英文は，下記のような構造をしています。

　　　　　　主語　　　　　　　修飾語　　　　　　　　動詞
The **number** of credit-card holders ｛ **is** ｝ increasing.
「数」　　　　　　　　　　　　　　　　　　　 **are**
　　　　　　「クレジットカード所有者の」　　　　　 ↑
　　　　　　　　　　　　　　　　　　　　　　「増えている」

　見てわかるとおり，number が主語になっていますが，number という単語は3人称単数なので，動詞もそれに合わせて3人称単数形にしなければなりません。

　従って，正解は3人称単数形 **is** を用いた① ということになります。

【さらに出来るようになるプラス講義】

the number of ~ と似た表現に，次のようなものがあります。

a number of ~「多くの~，若干数の~」
↑
数えられる名詞の複数形

A number of hypotheses have been built up.
「いくつかの仮説が立てられている」

この場合には，a number of ~ の「~」の部分が主語になります。

```
   修飾語         主語          動詞
```
A number of **hypotheses** have been built up.
いくつかの　　　仮説が　　　　立てられている
　　　　　　　　　↑
　　　　　　ここが主語

従って，動詞の部分も「~」の部分に合わせて複数形になるのが普通です。

```
           主語           動詞
```
A number of hypotheses **have been built up**.
　　　　　　　↑　　　　　　↑
　　　　　　複数　　　　　複数

ちゃんと has ではなく，複数形の have になっていますね。

《正解》

① The number of credit-card holders **is** increasing.
クレジットカード所有者の数が増えている。

Q25

● 脱丸暗記への　　　　　　　　　集中講義

《どっちが正解？》

① Children **have been** absorbed in video games these days.
② Children **are** absorbed in video games these days.

最近子供たちはテレビゲームに夢中になっている。

ポイント

◎ 最近＝ **these days, nowadays, recently, lately**

◎ **these days, nowadays** はふつう現在形の文において用いる。
◎ **recently** はふつう過去，現在完了形の文において用いる。
◎ **lately** はふつう現在完了形の文において用いる。

【解説】

「最近」と訳される代表的なものに these days, nowadays, recently, lately があります。しかし，これらの表現は一緒に使われる時制が異なるため，注意が必要です。

本問においては，these days が用いられているため，上記のポイントに示した通り，現在完了形ではなく，現在形の文で使われなければなりません。よって，正解は現在形を使っている②です。

PART 2 - 練習問題 *3* & *14* & *15* へ

【さらに出来るようになるプラス講義】

全部の単語を「最近」と覚えず，下記のように少し変えて覚えておくとよいです。

these days「この頃」　今を中心に近い過去と未来も含む感じ。
↑
現在形を使いたくなりますね。

nowadays「(現) 今では」過去とは違って現在ではという感じ。
↑
現在形を使いたくなりますね。

recently「近頃」　近い過去という感じ。少し前のことも指せます。

過去に起こったことですから，当然過去形は使えます。また，近い過去に起こったことですから，まだその時の状態 [影響] が残っています。「～した状態にある」という現在完了形の持つ意味にも合うため，現在完了形にも使えます。

lately「最近」　近い過去から現在に至るまでという感じ。
↑
過去に何かが起こって，その状態が現在に至るまであるわけですから現在完了形を使いたくなりますね。

《正解》

② Children **are** absorbed in TV games these days.
　最近子供たちはテレビゲームに夢中になっている。

Q 26

● 脱丸暗記への　　　　　　　　　　集中講義

《どっちが正解？》

① If it **rains** tomorrow, the game will be called off.
② If it **will rain** tomorrow, the game will be called off.

明日雨天の場合には，試合は中止される。

ポイント

現在形の意味 … 現実であることを表すために使います。
　　　　　　　　また，現実は変えられないことから，不変という
　　　　　　　　ニュアンスが加わります。

I love you.
私はあなたを愛しています。
⇒「現実に愛している」というだけでなく，「変わることなく」
　というニュアンスが加わっています。

will ～ の意味 … 現時点で未来において強く「こうなる」と思う場合
　　　　　　　　　に使います。
　　　　　　　　　あくまで思うだけですから，現在形のように不変と
　　　　　　　　　いうニュアンスはなく，不確定です。

I will win.　　私は勝つ。
⇒「私が勝つ」と強く思っています。しかし勝つとは限りません。

PART 2 - 練習問題 **3** & **6** へ

Mao will win.　　マオは勝つ。

⇒「マオが勝つ」と強く思っています。しかしやはり勝つとは限りません。

【解 説】

本問の①においては，下記のように

① If it **rains** tomorrow, the game will be called off.

rainsと現在形を使っているので，「もし，明日現実に雨が降ったら，試合は中止される」の意であり，一方②は

② If it **will rain** tomorrow, the game will be called off.

will rainとwillを使っているので，「もし，明日雨が降ると（強く）思えば，試合は中止される」の意になります。

日本文には「雨天の場合には」とありますから，ただ「雨が降ると思う場合に中止される」のではなく，「現実に雨が降った場合に中止される」のだということがわかります。
　従って，正解は①になります。

【さらに出来るようになるプラス講義】

ここで扱ったような問いは、ふつう、次のようなルールによって説明されます。

時と条件の副詞節の中では未来のことであっても現在形で表す。

何だか難しそうなルールですね。でも、覚えなくていいんです。ここで学んだように、現在形と will の意味がわかっていればいいだけの話ですから。

⊕ 例文

If anyone has any questions, please email me.
もし質問があれば私にメールをください。

《正解》

① If it **rains** tomorrow, the game will be called off.
明日雨天の場合には、試合は中止される。

★ チャットやメールで使われる表現

・ASAP = as soon as possible	できるだけ早く
・BFN = bye for now (B4N)	またね
・BF = boyfriend	ボーイフレンド
・BTW = by the way	ところで
・CUL = see you later	またあとで
・CYA = see ya	またね
・GF = girlfriend	ガールフレンド
・IC = I see	わかりました
・J/K = just kidding	ただの冗談
・K = OK	オーケー
・LOL = laughing out loud	大笑い
・LTNS = long time no see	久しぶり
・NP = no problem	問題なし
・PMFJI = pardon me for jumping in	飛び入りしてすみません。

Q27

● 脱丸暗記への　　　　　　集中講義

《どっちが正解？》

① If you **were** me, what would you do?
② If you **are** me, what would you do?

もしあなたが私だったら，どうしますか？

ポイント

◎ **現在形** … 現実であることを表す。

◎ **仮定法過去** … 現実にはありえないと思う時に使います。

◎ 仮定法過去の基本形

> If　S_1　V_1（過去形）, S_2 **would** V_2（原形）
>   ↑
>   助動詞の過去形 … 文意によって
>   could, might, should など使い
>   分ける。

（訳）もし S_1 V_1 だったら，S_2 V_2 だろう（に）。

PART 2 - 練習問題 4 & 7 へ

(例) If I **got** a million dollars, I **would** buy a house with a garden.

> もし100万ドル手に入ったら，庭付きの家を買うのに。

> ⇒ 自分が100万ドル手に入れることはありえないと思っている場合。

(参考) If I **get** a million dollars for the painting, I **will** buy a house with a garden.

> その絵画を売って100万ドル手に入ったら，庭付きの家を買います。

> ⇒ 絵画が100万ドルで売れると思っている場合。

【解 説】

　本問においては，「あなたが私だったら」という現実にはありえない話をしています。このような場合，ありえないと思っている箇所の動詞を過去形にします。

　注意しなければいけないのは，過去形を使っていても過去のことを言っているわけではなく，「現時点でありえないと思っている」ということを伝えていることです。

　正解は動詞に過去形を用いている①の方です。
②では「あなたが私」でありうることになってしまいます。

🔴【さらに出来るようになるプラス講義】

仮定法の「法」ってどういう意味でしょう？

「法則」という意味にとって，上のポイントで挙げた

　　If　S₁　V₁（過去形）, S₂ **would**　V₂（原形）

という基本形（構文とよく言われますね）のことだと思っている人が多いのですが，そうではありません。

簡単に言えば，「気分」ぐらいの意味です。

ですから，仮定法というのは，「仮定する気分（気持ち）」ということになります。つまり，「ここのところは仮定する気分で話してますよ」って教えてくれているんです。

ではどうして動詞を過去形にすると仮定法になるのでしょう？

　　Ron was my husband.
　　ロンは私の夫でした。

上の文は過去形を用いた文ですが，ロンはもう「私の夫ではない」というニュアンスが読み取れますね。
　つまり現実にはそうではない，非現実なのだというニュアンスを過去形は持ちうるのです。
　この非現実という過去形の持つ意味が仮定法（仮定ですから非現実的ですね）に結びついていると考えればわかりやすいでしょう。

⊕ 例文

If I were you, I wouldn't tell such a lie.
私だったらそんなうそはつかない。

If I were in your place, I would punish him.
私があなたの立場だったら彼を罰するでしょう。

《正解》

① If you **were** me, what would you do?
もしあなたが私だったら，どうしますか？

Q 28

● 脱丸暗記への　　　　　集中講義

《どっち が正解？》

① If Tom **took** the teacher's advice, he would have passed the entrance exam.

② If Tom **had taken** the teacher's advice, he would have passed the entrance exam.

もしトムが先生のアドバイスを聞いていたら，入学試験に受かっていたのに。

ポイント

◎ **仮定法過去** … 現実にはありえないと思う時に使います。

◎ **仮定法過去の基本形**

> If S_1 V_1（過去形）, S_2 **would** V_2（原形）
> ↑
> 助動詞の過去形 … 文意によって could, might, should など使い分ける。

訳）もし S_1 V_1 だったら，S_2 V_2 だろう（に）。

PART 2 - 練習問題 **4** & **15** へ

◎ **仮定法過去完了** … 現実にはありえなかったと思う時に使います。
↑
過去にありえなかったと思う事柄に対して使います。

◎ **仮定法過去完了の基本形**

> If S₁ **had** V₁（過去分詞）, S₁ **would have** V₂（過去分詞）

↑
助動詞の過去形 … 文意によって
could, might, should など使い分ける。

訳）もし S₁ V₁ だったら，S₂ V₂ だったろう（に）。

【解説】

　本問においては，「もしトムが先生のアドバイスを聞いていたら，入学試験に受かっていたのに」という日本語から，現実にはトムが先生のアドバイスを聞かなかったために入学試験に受からなかったことがわかります。
　ですから，トムが先生のアドバイスを聞くということは現実にはありえなかったことになります。
　よって，仮定法過去完了を用いている②が正解です。
　①だと，仮定法過去なので，「（現時点でトムが先生のアドバイスを聞くということはありえないと思うが）もしトムが先生のアドバイスを聞けば」という意味になって，過去の事柄ではなくなってしまいます。

参考）

If Tom **took** the teacher's advice,
he **would** pass the entrance exam.

もしトムが先生のアドバイスを聞けば、入学試験に受かるだろうに。

⇒現時点でトムが先生のアドバイスを聞くということはありえず、入学試験には受からないだろうと思っている。

《正解》

② If Tom **had taken** the teacher's advice, he would have passed the entrance exam.
もしトムが先生のアドバイスを聞いていたら、入学試験に受かっていたのに。

⊕ 例文

If I were rich, I could buy a big house.
金持ちだったら大きな家が買えるのに。

If he had been rich, he would have bought that big house.
もし金持ちだったら，彼はあの大きな家を買っていただろう。

If I knew her name, I would give it to you.
彼女の名前を知っていたら，教えてあげるんだけど。

If I had known her name, I would have given it to you.
彼女の名前を知っていたら，教えてあげたんだけど。

Q29

● 脱丸暗記への　　　　　　　集中講義

《どっちが正解？》

① I **have visited** the museum two years ago.

② I **visited** the museum two years ago.

私は2年前その博物館を訪れたことがあります。

ポイント

◎ **過去形** … 過去の事実であることを表す

◎ **現在完了形** … **have** + 過去分詞「〜した状態に（現に）在る」

　　　　　　　　　　↑
　　　　この have は**現**に**在**るの意。つまり，現在形です。

Tom **has broken** the window there, so please watch your step.

トムがそこの窓を割ってしまったので，足元に気をつけてください。

例）⇒「トムが窓を割った状態に（現に）在る」と言うことでガラスが散っていることを暗示しています。

【解説】

「～したことがあります」という日本語につられて，①のように現在完了形を使ってしまった人はいませんか？

しかし，ここでは訳にあるとおり，博物館を訪れたのは2年前のことです。明らかに過去の事柄なのです。

現在完了形は「～した状態に（現に）在る」という意味であり，あくまでも現在形の1種なのです。

したがって，正解は②ということになります。

🔴【さらに出来るようになるプラス講義】

I **have lived** in Japan.

という文を考えてみましょう。学校では現在完了形の用法として経験・継続・完了・結果などと習います。

しかし，この文だけでどの用法か決められるでしょうか。

 i. I have never lived in Japan.
  「私は日本で暮らしたことがありません」 ⇒ 経験

 ii. I have lived in Japan since last year.
  「私は昨年から日本に住んでいます」 ⇒ 継続

 iii. I have already lived in Japan for a year.
  「私はすでに1年日本で暮らしています」 ⇒ 完了

Ⅳ I have lived in Japan for a long time,
　 so I've got used to riding in packed trains.
「日本に長いこと住んでいるので，満員列車に乗るのには慣れました」　　　　　　　　　　　　　　　　　　　⇒ 結果

　上の例文ⅰ〜ⅳからわかるように，I have lived in Japan という表現は全ての用法の可能性を秘めています。
　したがって，この文だけで用法を決めることはできません。

　それでは，I have lived in Japan はどのような意味なのでしょうか。

「〜した状態に（現に）在る」というのが現在完了形の意味でしたね。

ということは，

　　　I have lived in Japan.

　　＝私は日本に住んだ状態に（現に）在る

というのが，I have lived in Japan. の意味になります。これを例文ⅰ〜ⅳに当てはめて意味をとってみると，下のようになります。

 ⅰ. 私は一度も日本に住んだ状態に（現に）在りません。
 ⅱ. 私は昨年から日本に住んだ状態に（現に）在る。
 ⅲ. 私はすでに1年日本に住んだ状態に（現に）在る。
 ⅳ. 日本に長いこと住んだ状態に（現に）在るので，満員列車に乗るのには慣れました。

用法など考えなくても英文の意味は十分にわかりますね。もう不要な用法分類からは卒業です。

> ⊕ **例文**
>
> **I went there a few times several years ago.**
> そこには数年前２,３度行ったことがあります／行きました。

《正解》

② I **visited** the museum two years ago.

　　私は２年前その博物館を訪れたことがあります。

Q30

● 脱丸暗記への　　　　　　　　　集中講義

《どっちが正解？》

① My wish is **becoming** a pilot.

② My wish is **to become** a pilot.

　私の望みはパイロットになることです。

ポイント

◎　**~ing**　「(実際) ~している [する]」

例) **Playing** soccer is a lot of fun.
「サッカーを (実際) している [する] のはとても楽しい」

⇒ playing が主語 (＝名詞) として使われているので，動名詞と呼ぶこともあります。

◎　**to** ~（原形）　「(これから) ~する」

例) My dream is **to** become a world-famous singer someday.
「私の夢はいつか世界的に有名な歌手になることです」

PART 2 - 練習問題 **16** & **18** へ

【解説】

「~ing 形」は実際感が強く，実際~している［する］という意味が出ます。

その一方で，「to 原形」はまだこれから~する（まだ行っていない活動をこれからする）という意味が出ます。

学校で習う動名詞や不定詞の名詞的用法といった知識にとらわれると，「~すること」という問題文の日本語訳から考えて，①でも②でもよいように感じてしまいますが，それは違います。

wish は，こうなったらいいなあという、実際にはそうならないかもしれない望みを表す単語ですから，「~ing 形」の持つ実際~している［する］という意味とは合わないのです。

したがって，正解は②になります。

《正解》

② My wish is **to become** a pilot.
　私の望みはパイロットになることです。

Q31

● 脱丸暗記への　　　　　　　　　　集中講義

《どっちが正解？》

① Don't forget **to lock** the door.
② Don't forget **locking** the door.

戸に鍵をかけ忘れるな。

ポイント

$$\begin{cases} \textbf{forget to } \overset{原形}{\sim} & 「〜し忘れる」 \\ \textbf{forget ~ing} & 「〜したことを忘れる」 \end{cases}$$

【解 説】

「**forget to** 原形」は「これからするべきことを忘れる」という意味で，「**forget ~ing**」は「実際にしたことを忘れる」という意味です。

　もし，locking を選ぶとすれば，「実際に鍵をかけたことを忘れる」という意味になって，鍵はかかっていることになります。日本語の意味とずれてしまいますね。したがって，正解は① です。

PART 2 - 練習問題 16 & 18 へ

類例

- ◎ **stop ~ing**「～している［する］のをやめる」
- ◎ **stop to ~**「立ち止まって［していることをやめて］～する」

   I **stopped** smok**ing**.「私はタバコを吸うのをやめた」
   I **stopped to** smoke.「私は立ち止まってタバコを吸った」

- ◎ **remember ~ ing**「～したのを覚えている」
- ◎ **remember to ~**「これからするべきことを覚えておく」
   ⇒「忘れずに～する」

   I **remember** see**ing** her before.
   「以前彼女に会ったのを覚えている」

   Remember to post the letter.
   「忘れずに手紙を出してね」

- ◎ **try ~ing**「試しに～してみる」
- ◎ **try to ~**「～しようと試みる」

   Harry **tried** kick**ing** the soccer ball.
   「ハリーはそのサッカーボールを試しに蹴ってみた」

   Harry **tried to** kick the soccer ball.
   「ハリーはそのサッカーボールを蹴ろうとした」

《正解》

① Don't forget **to lock** the door.
   戸に鍵をかけ忘れるな。

Q32

● 脱丸暗記への　　　　　　　集中講義

《どっちが正解？》

① The couple looked **each other**.
② The couple looked **at each other**.

そのカップルは互いを見た。

ポイント

| **look at ~** | ⇒「~に目を向ける」 |
| **each other** | ⇒ 代名詞「お互い」 |

【解 説】

each other は「お互い**に**」という意味だと覚えている人が多いため，① を選ぶ人が多いのではないかと思います。しかし，本当にそれでいいのでしょうか．次の例文を見てください。

i. We love **him**.「私たちは彼を愛している」
ii. We love **each other**.「私たちは互いに愛し合っている」

ii. の each other は i. の him の位置に使われています。ということは，each other は him の仲間だということになります。

では次の例文を見てください。

iii. We looked **at him**.「私たちは彼を見た」

PART 2 - 練習問題 *9* へ

look の場合には look at ~ で「~に目を向ける」という意味になるため，iii. のように look at him となります。だとすれば，「私たちは**互いに目を向けた**」にするには，him の代わりに each other を使えばいいわけですから，

> We looked at him.
>   ↑
>   each other をここに入れる

⇒ We looked **at each other**.

となります。このことから，正解は②になります。

類例

> We talked **to each other** over coffee.
> 「私たちはコーヒーを飲みながら話し合った」

talk **to** him で「彼に話しかける」なので，talk **to each other** になります。

【さらに出来るようになるプラス講義】

one another も each other と同じ使われ方をします。

> The couple looked at **one another**.
> 「そのカップルは互いを見た」

> We talked to **one another** over coffee.
> 「私たちはコーヒーを飲みながら話し合った」

《正解》

② The couple looked **at each other** with love.
そのカップルは互いを見た。

Q 33

● 脱丸暗記への　　　　　　　　　集中講義

《どっちが正解？》

① This book is **her**.
② This book is **hers**.
　この本は彼女のです。

ポイント

単数

	主格	所有格	目的格	所有代名詞「〜のもの」
1人称	I	my	me	**mine**「私のもの」
2人称	you	your	you	**yours**「あなたのもの」
3人称	he	his	him	**his**「彼のもの」
	she	her	her	**hers**「彼女のもの」
	it	its	it	…………

複数

	主格	所有格	目的格	所有代名詞「〜のもの」
1人称	we	our	us	**ours**「私たちのもの」
2人称	you	your	you	**yours**「あなたたちのもの」
3人称	they	their	them	**theirs**「彼ら［彼女ら］のもの」

PART 2 - 練習問題 9 へ

【解説】

「彼女の」という日本語につられて her を選んでいませんか？
her は次の例文のように，

This is her book.「これは彼女の本です」

後ろに名詞をとります（上の例では book）。

次の例のように単独で「彼女の（もの）」という意味を表すことはできません。

× This book is her.「この本は彼女の（もの）です」

単独で「～の（もの）」という意味を表すには，左に挙げた表の所有代名詞を使います。つまり，ここでは「彼女のもの」ですから，hers を使うのです。したがって，正解は②です。

⊕ 例文

This book is his.
この本は彼の（もの）です。
※his の場合には所有格と所有代名詞が同じになります。

《正解》

② This book is **hers**.
この本は彼女のです。

Q34

● 脱丸暗記への　　　　　集中講義

《どっちが正解？》

① My daughter never listens to **me**.
② My daughter never listens to **mine**.

娘は私の言うことを全然聞きません。

ポイント

listen to ~　　　　「～の言うことを聞く」
　　↑
　目的格

単数

	主格	所有格	目的格	所有代名詞「～のもの」
1人称	I	my	**me**	mine
2人称	you	your	**you**	yours
3人称	he	his	**him**	his
	she	her	**her**	hers
	it	its	**it**	…………

PART 2 - 練習問題 9 へ

複数

	主格	所有格	目的格	所有代名詞「～のもの」
1人称	we	our	**us**	ours
2人称	you	your	**you**	yours
3人称	they	their	**them**	theirs

【解説】

「私の言うこと」という日本語につられて mine を選んでいませんか？ mine では「私のもの」という意味になってしまいます。

ここでは，listen to ～ [= 目的格] で「～の言うことを聞く」という表現になるので，me を選ぶことになります。

正解は①です。

《正解》

① My daughter never listens to **me**.
　娘は私の言うことを全然聞きません。

Q 35

● 脱丸暗記への　　　　　　　　　　集中講義

《どっちが正解？》

① I'd like to learn **new something**.
② I'd like to learn **something new**.

できたら何か新しいことを学びたい。

ポイント

something　＋　～　　何か ～な { こと / もの }

修飾語はここに入れる！

【解説】

something に修飾語をつけて「何か～なこと」と表現したい場合には，修飾語を something の後ろに置きます。

「何か新しいこと」であるならば，new something のように修飾語を前に置かず，後ろにおいて，something new とします。
したがって，正解は②です。

【さらに出来るようになるプラス講義】

「何か新しいこと［もの］」は **something new** でした。
それでは，「何か飲むもの」はどのように表現すればよいでしょうか？
この場合「飲むための」と考えて **to drink** という不定詞表現を使います。

> **something to drink**「何か飲むもの」

他にもいろいろ作れます。

> **something to say**「何か言うこと」
>
> **something to do**「何かすること」
>
> **something to read**「何か読むもの」
>
> **something to live for**「生きる目標」
>
> **something to be afraid of**「怖いもの」

《正解》

② I'd like to learn **something new**.
　できたら何か新しいことを学びたい。

Q36

● 脱丸暗記への　　　　　　　　集中講義

《どっちが正解？》

① I'll e-mail you about it **till** six.
② I'll e-mail you about it **by** six.

その件については６時までにメールします。

ポイント

till ⇒「～までずっと（何かし続ける）」

by ⇒「～までに（何かを終える）」

【解 説】

①は till を使っているため，「その件については６時までずっとメールを送り続けます。」という嫌がらせにも近いような意味になり，不適切です。正解は②になります。

【さらに出来るようになるプラス講義】

時の till と by のちがい

◇ **till** ⇒「〜までずっと（何かし続ける）」

◇ **by ~** は「〜までに」

> I'll e-mail you about it **till** six.
> その件については6時までずっとメールを送り続けます。

> I'll e-mail you about it **by** six.
> その件については6時までにメールします。

〈こっちに時間が進む →〉

```
現           6           未
在           時           来
```

だとすると，**by** は「**そば**」という意味なので，

```
             ↑  6           未
現            時           来
在          「そば」
```

6時の「**手前**」になります。「6時手前に」というのを訳すと「6時までに」となるのです。

《正解》

② I'll e-mail you about it **by** six.
　その件については6時までにメールします。

Q37 ● 脱丸暗記への集中講義

《どっちが正解？》

① Harry is the tallest **in** my class.
② Harry is the tallest **of** my class.

ハリーは私のクラスの中で一番背が高いです。

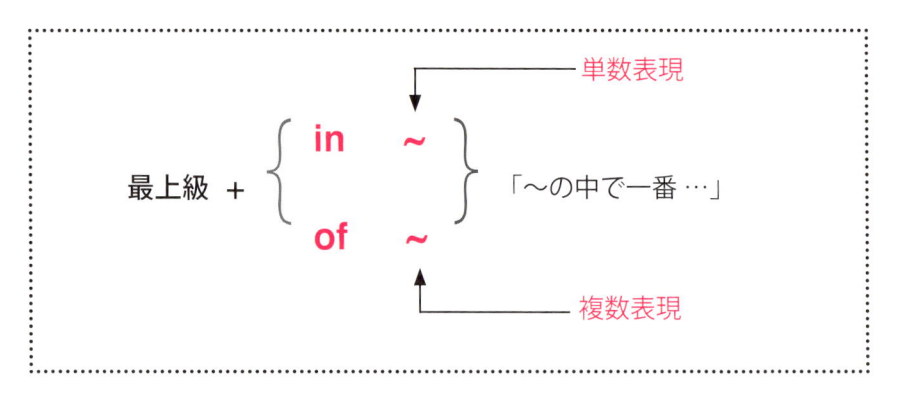

ポイント

最上級 + { **in** ～ / **of** ～ } 「～の中で一番…」

- in ～ ← 単数表現
- of ～ ← 複数表現

【解説】

最上級とともによく用いられる「～の中で」という表現には，上に挙げた通り2つあり，

　　in の後ろには単数表現，

　　of の後ろには複数表現

が来ます。

この問題においては，〜に当たるのが my class という単数表現になっているので，in を選ぶことになります。

正解は①です。

類例

Harry is the tallest **of** all my classmate**s**.

「ハリーは私のクラスメートの中で一番背が高いです」

上例のように後続の表現が複数表現になっている場合には in ではなく of になります。

＋ 例文

This lake is the deepest in the world.
この湖は世界で一番深い。

《正解》

① Harry is the tallest **in** my class.
ハリーは私のクラスの中で一番背が高いです。

Q38 脱丸暗記への集中講義

《どっちが正解？》

① Wine is made **of** grapes.
② Wine is made **from** grapes.
ワインはぶどうから作られている。

ポイント

◎ **be made of ~** 「~から作られている」
　　　　　　↑
　材料が見てすぐにわかる時

◎ **be made from ~** 「~から作られている」
　　　　　　↑
　材料の材質が変化していてすぐにはわかりにくい時

【解説】

　ワインは加工されていて，ちょっと見ただけではぶどうで作られていることはわかりにくいですね（もちろん，常識的には圧倒的にぶどうで作られていることが多いので想像はできますが）。従って，正解は be made from ~ を用いている②ということになります。

類例

(1) This desk **is made of** wood.
「この机は木で作られている」

(2) That house **is made of** stone.
「あの家は石で作られている」

(3) This button **is made of** bone.
「このボタンは骨で作られている」

(4) Butter **is made from** milk.
「バターはミルクから作られている」

(5) Sake **is made from** rice.
「酒は米から作られている」

(6) Paper **is made from** wood.
「紙は木材から作られている」

　(1) の例文と (6) の例文が対照的ですね。机が木から作られていることは見てすぐにわかりますが，紙が木から作られていることは見ただけではわかりません。

《正解》

② Wine is made **from** grapes.
ワインはぶどうから作られている。

Q39

● 脱丸暗記への　　　　　　　　　集中講義

《どっちが正解？》

① Harry is known **for** his bravery.
② Harry is known **as** his bravery.

ハリーはその勇敢さ（の面）で知られています。

ポイント

◎ **be known for ~**「～の面で知られている」

◎ **be known as ~**　「～として知られている」

【解 説】

"be known as ~"を使う場合には，<u>主語＝～</u> の関係が成り立ちます。この関係を利用して考えてみると Harry ＝ his bravery が成立しなければ，ここで as は使えません。ハリーは人間であって，勇敢さとイコールの関係にはならないことから，as ではなく，for を選びます。正解は①です。

●【さらに出来るようになるプラス講義】

Harry is known **as** a brave man.
ハリーは勇敢な男として知られている。

左の例文のように as の後ろを a brave man にすれば Harry = a brave man が成立するので，as が使えます。

ところで，この as ですが，「～として」という意味になるので注意するようにとよく言われます。本当にそうでしょうか？

もともと **as** は

> Tom is **as** tall **as** I am.
> トムは私と同じ背の高さだ。

のように「同じ」つまり「**＝**」の意味を持ちます。「～として」というのは単に訳だけの話であって，意味的にはあくまで「**＝**」と考えればよいのです。ただその際に，何と何が「**＝**」の関係にあるのかが問題になります。

上の例においては主語である Harry と a brave man とが **＝** の関係にありますが，

> We regard the boy **as** a genius.
> 我々はその少年を天才だとみなしている。

においては目的語である the boy と a genius とが**＝**の関係になって，the boy = a genius だと「みなしている（regard）」となっています。「～として」というのはこの **＝** に対する訳語に過ぎません。

《正解》

① Harry is known **for** his bravery.
　ハリーはその勇敢さ（の面）で知られています。

■ コラム

as について

105ページで as を「＝」と考えればよいことを学びました。しかし，「〜として」と訳す as 以外にも当てはまるのでしょうか。このコラムではそれを確認しておきましょう。

1. **As I don't have any money now, I cannot buy anything.**

   今お金を持っていないので，何も買えません。

2. **As we get older, we become wiser.**

   年をとるにつれて賢くなるものです。

3. **As the singer appeared on stage, the audience cheered loudly.**

   その歌手がステージに現れた時，観客は大きな声で歓呼した。

1〜3の例文はどれも次のような形をしています。

As S' V', SV

このような場合 S' V' ＝ SV と考えます（SV as S' V' も同様に考えて大丈夫です）。

まず例文1からみていきましょう。「〜ので」と訳される as の例です。上で述べたように考えると，

I don't have any money now ＝ I cannot buy anything
今お金を持っていない　　　　＝ 何も買えない

ということになります。もちろん厳密な＝の関係ではありませんが，「今お金を持っていない」ということは「何も買えない」に等しいですね。

次に「～につれて」と訳される例文2ですが，これも同様に考えると，

we get older ＝ we become wiser
より年をとる　＝ より賢くなる

となります。つまり，話者は「より年をとる」ということは「より賢くなる」ということに等しいと言っているわけです。

そして，「～の時」と訳される例文3ですが，

the singer appeared on stage ＝ the audience cheered loudly
その歌手がステージに現れた ＝ 観客は大きな声で歓呼した。

歌手がステージに現れれば，普通観客は歓呼するので何となくわからなくもありませんが，イコール性が薄れた感じがしますね。このような場合は「時が同じ」と考えます。つまり，「その歌手がステージに現れると同時に観客が大きな声で歓呼した」と考えます。

■ コラム

　以上でわかって頂けたかと思いますが，as自体の意味はどこまでいっても「＝」なのです。ただ，日本語に訳す際の訳語がいろいろあるに過ぎません。

　最後にもう少しasについて言うと，単純に「＝」と考えるよりは，

As S' V', SV

またば

SV as S'V'

という形でasが使われている場合，次のように考えるとより理解が深まります。

　「S' V' という事柄には同時にSVという事柄が伴う」

　これに当てはめてもう一度例文の1〜3までをみてみると，それぞれ，

1. **As I don't have any money now, I cannot buy anything.**

　今お金を持っていないという事柄には同時に何も買えないという事柄が伴う。

2. **As we get older, we become wiser.**

   より年をとるという事柄には同時により賢くなるという事柄が伴う。

3. **As the singer appeared on stage, the audience cheered loudly.**

   その歌手がステージに現れるという事柄には同時に観客が大きな声で歓呼するという事柄が伴った。

となります。「同時に伴う」というのが as の持っている言葉の感覚なのです。

Q40

● 脱丸暗記への　　　　　集中講義

《どっちが正解？》

① **He** is said that he is a great scholar.

② **It** is said that he is a great scholar.

彼は偉大な学者だと言われている。

ポイント

◎ **It is said that** S V ≒ S **is said to** V
　　　　　　　　　　　　　　　　‖
　　　　　　　　　　　　　　　原形

「S V だと言われている」

【解説】

be said that S V という形を使う場合，主語は It になります。

It 以外のものを主語にする時には be said to V になります。

従って，本問においては（　）is said that ～ という形になっていることから，（　）には It が入ることになります。正解は②です。

もし，He を主語にしてほぼ同じ内容を表現するとすれば次のようになります。

　　He is said to be a great scholar.
≒ It is said that he is a great scholar.
　　彼は偉大な学者だと言われている。

【さらに出来るようになるプラス講義】

下に挙げる表現も主語がItの時にしかthat節をとることができません。

It is rumored that he is a great scholar.
彼は偉大な学者であると噂されている。

It seems that he is ill.
彼は病気のようだ。

It 以外のものが主語に来る時には **to V**（= 原形）になります。

He is rumored to be a great scholar.
≒ It is rumored that he is a great scholar.
彼は偉大な学者であると噂されている。

He seems to be ill.
≒ It seems that he is ill.
彼は病気のようだ。

《正解》

② **It** is said that he is a great scholar.
彼は偉大な学者だと言われている。

Q41

● 脱丸暗記への　　　　　　集中講義

《どっちが正解？》

"I don't like sushi."
「私は寿司が好きではありません」

① "I don't **too**."

② "I don't **either**."
　「私もです」

ポイント

◎ **too**《肯定文で》　　「〜もまた」

◎ **either**《否定文で》　「〜もまた」

【解説】

「〜も」という場合に，肯定文においては too を用い，

"I have been to Canada."
「私はカナダに行ったことがあります」

"I have **too**."「私**も**です」

否定文においては either を用います。

"Ichiro can't go to the party and I ca**n't either**."
「イチローはそのパーティに行けません。私**も**です」

この問題の英文は否定文ですから，too ではなく either を用います。したがって，正解は②です。

⊕ 例文

"I can swim across this river."
「この川泳いで渡れるよ」

"I can too."
「僕もだよ」

"I can't solve this problem."
「この問題解けない」

"I can't either."
「僕もだよ」

《正解》

② "I don't **either**."
　「私もです」

Q42

● 脱丸暗記への　　　　　集中講義

《どっちが正解？》

① Have you finished your homework **already**?
② Have you finished your homework **yet**?

もう宿題は終わりましたか？

ポイント

◎ **already**　　≪肯定文・疑問文で≫
　　　　　　　　（予想より早く）もう（ある事態になっている）

◎ **yet**　　　　≪疑問文で≫　　　もう

【解 説】

　already は「（予想外に早く）もう（ある事態になっている）」という意味を表します。ですので，疑問文で用いると，

Have you finished your homework **already**?

「もう宿題終わっちゃったの？」

⇒ 予想外に早くもう宿題が終わっているの意。驚きや意外感を表します。

本問では純粋に宿題が終わっているかどうかを聞いているだけで，予想外の早さで宿題が終わっていて驚いているといった気持ちは読み取れませんから，yet の方を選ぶことになります。

正解は②です。

類例

Have you eaten up all the sweets **yet**?
「あのお菓子もう全部食べましたか？」

Have you eaten up all the sweets **already**?
「あのお菓子もう全部食べちゃったの？」

《正解》

② Have you finished your homework **yet**?
　　もう宿題は終わりましたか？

● 脱丸暗記への　　　　　Q43　　　集中講義

《どっちが正解？》

① The USA is **very** larger than Japan.
② The USA is **much** larger than Japan.
　米国は日本よりずっと広い。

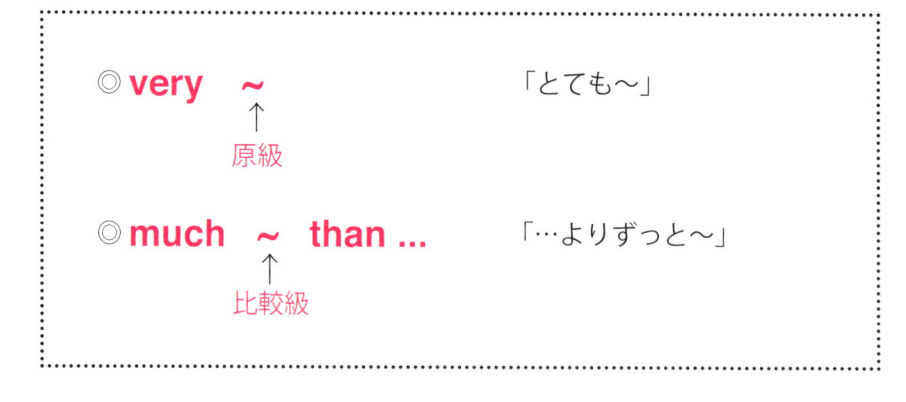

ポイント

◎ **very** ～　　　　　　　　「とても～」
　　　↑
　　　原級

◎ **much** ～ **than** ...　　　「…よりずっと～」
　　　　↑
　　　比較級

【解説】

原級を修飾して意味を強める場合には very を用います。

　　The USA is **very** large.
　　「米国はとても広い」

　一方，比較級を修飾して程度の差が大きいことを表現する場合には much を用います。本問では比較級を修飾する語が問われていますので，正解は much を用いている②ということになります。

類例

Mary is **much** taller than I am.
「メアリーは私よりずっと背が高いです」

● 【さらに出来るようになるプラス講義】

比較級の前の位置は《差》を表します。

```
    □     比較級
    ↑
    差
```

例) I am **three years** old**er** **than** Tom.
　　「私はトムより３歳年上です」
　　⇒ 3歳の差ということですね。

　差というのは言い換えれば「隔たり」のことで，「遠隔」などと言ってみればわかりますが，距離感を持っています。英語でも，差が大きいということを表現する場合に much だけでなく，far「遠く」という単語が使えます。

This film is **far** more interesting than that one.
「この映画はあの映画よりはるかに面白い」
　cf. This film is much more interesting than that one.

《正解》

② The USA is **much** larger than Japan.
　　米国は日本よりずっと広い。

Q44

● 脱丸暗記への　　　　　　　集中講義

《どっちが正解？》

① I don't have **money as much as** Lucy has.
② I don't have **as much money as** Lucy has.
私はルーシーほどお金を持っていません。

ポイント

○ I don't have **much** money.
「私はあまりお金を持っていません」

× I don't have money **much**.

【解説】

上の例に挙げたように，「あまりお金を持っていません」という場合，語順は much money になります。

これを as ~ as を使って比較の構文に変えると，

PART 2 - 練習問題 11 & 12 へ

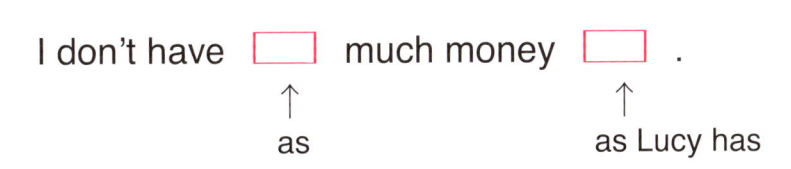

I don't have ☐ much money ☐ .
　　　　　　　 ↑　　　　　　　 ↑
　　　　　　　as　　　　　　 as Lucy has

(注)　much が money を修飾しているため，much money の前後を as ~ as ではさむ

⇒ I don't have **as much money as** Lucy has. [= ②]

となり，正解は②だということがわかります。

①はもともと間違いであるポイントの × のほうの文（I don't have money much.）を比較構文に変えたものですから，やはり間違いです。

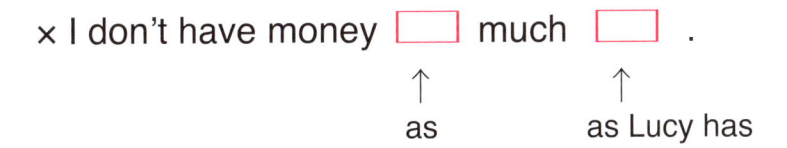

× I don't have money ☐ much ☐ .
　　　　　　　　　　　　 ↑　　　　　 ↑
　　　　　　　　　　　　as　　　as Lucy has

⇒ × I don't have **money as much as** Lucy has. [= ①]

《正解》

② I don't have **as much money as** Lucy has.
　　私はルーシーほどお金を持っていません。

Q 45

● 脱丸暗記への　集中講義

《どっちが正解？》

① Baseball is **popularer** than soccer in the USA.
② Baseball is **more popular** than soccer in the USA.
米国ではサッカーより野球のほうが人気です。

ポイント

比較級 **than** 〜　　「〜より…だ」

popular「人気がある」の比較級

- × **popular**er
- ○ **more** popular

【解説】

「〜より…だ」という場合には比較級 **than** 〜 という形を用いますが，比較級には形容詞や副詞の語尾に -er をつけるもの（例 tall**er**）と形容詞や副詞の前に more を置くものとがあります。

比較的つづりの長い単語はおおよそ more 型になります。ここで使われている popular という単語は more 型に属しており，正解は②です。

PART 2 - 練習問題 11 & 12 へ

類例

This book is **more** interesting than that.
「この本はあの本より面白い」

Alice is even **more** beautiful than she was before.
「アリスは以前よりもさらにもっと美しい」

● 【さらに出来るようになるプラス講義】

more 型の比較級と最上級について

つづりの中に母音字が2つ以上(語末のeは数に入れません)入っていれば、まず more ~ になります(ただし、母音字が連続している場合は1つと数えます。beautiful であれば、eau は連続しているので1つと数えて合計3つです)。

　例) more beautiful / most beautiful

また、-ly で終わる副詞の比較級も more ~ になります。

　例) more slowly / most slowly

《正解》

② Baseball is **more popular** than soccer in the USA.
米国ではサッカーより野球のほうが人気です。

Q46

● 脱丸暗記への　　　　　　　　集中講義

《どっちが正解？》

① I have **few** CDs.
② I have **a few** CDs.
　私は何枚か CD を持っています。

ポイント

few ～　　「～が少数しかない」
　　　　↑
　　　　└────── 数えられる名詞の複数形

a few ～　　「～が少数ある」
　　　　↑
　　　　└────── 数えられる名詞の複数形

【解説】

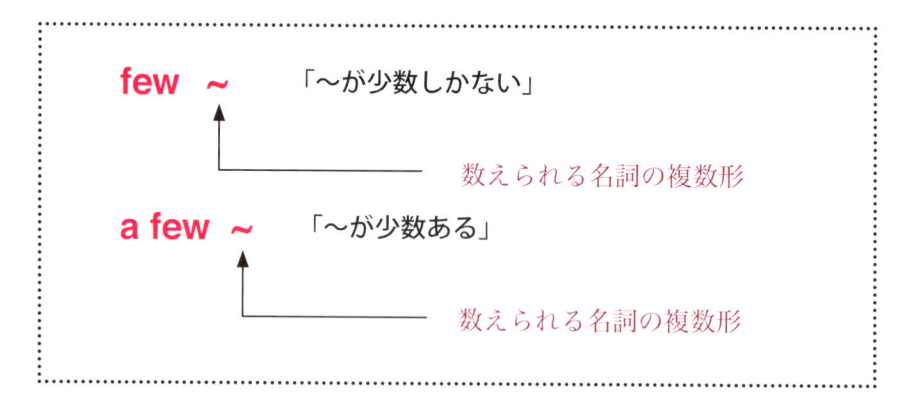

　①は few の前に a がないため，「私は何枚か CD を持っています」ではなく，「私は何枚かしか CD を持っていません」という意味になってしまいます。

　したがって，正解は②です。

【さらに出来るようになるプラス講義】

「few と a few とではどちらの方が数が多いか」と聞かれることがあります。

しかし，両者の違いは数の違いではなく，少数でも「ある（=a few）」と思っているのか，「ない（=few）」と思っているのかの違いであって答えようがありません。

仮に CD が 3 枚あったとして，「少数しかない」と思うか，「少数だけどある」と思うかは話者のとらえかた次第ですね。

⊕ 例文

There are few [a few] people here who are honest.
ここには誠実な人がほとんどいない［少しいる］。

《正解》

② I have **a few** CDs.
　　私は何枚か CD を持っています。

Q47

● 脱丸暗記への　　　　　　　集中講義

《どっちが正解？》

① I have **little** money.

② I have **a little** money.

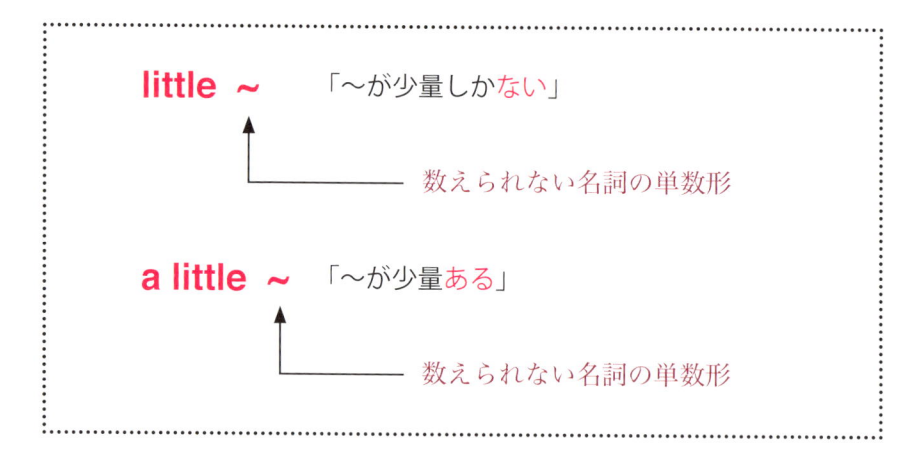

私は少ししかお金を持っていません。

ポイント

little ～　　「～が少量しかない」
　　　　　　　　　　　数えられない名詞の単数形

a little ～　「～が少量ある」
　　　　　　　　　　　数えられない名詞の単数形

【解説】

②は a little になっているため，「私は少ししかお金を持っていません」ではなく，「私は少しお金を持っています」という意味になってしまいます。

したがって，正解は①です。

【さらに出来るようになるプラス講義】

「little と a little とではどちらの方が量が多いか」と聞かれることがあります。

しかし，両者の違いは量の違いではなく，少量でも「ある（= a little）」と思っているのか，「ない（= little）」と思っているのかの違いであって答えようがありません。

仮にお金が 500 円あったとして，「少ししかない」と思うか，「少しだけある」と思うかは話者のとらえかた次第ですね。

⊕ 例文

There is little [a little] snow here.
ここでは雪がほとんど降りません [少し降ります]。

《正解》

① I have **little** money.
　私は少ししかお金を持っていません。

Q48 ● 脱丸暗記への 集中講義

《どっちが正解？》

① How **many** books did you buy yesterday?

② How **much** books did you buy yesterday?

昨日何冊本を買ったの？

ポイント

How many ☐ ← 数えられる名詞の複数形

How much ☐ ← 数えられない名詞の複数形

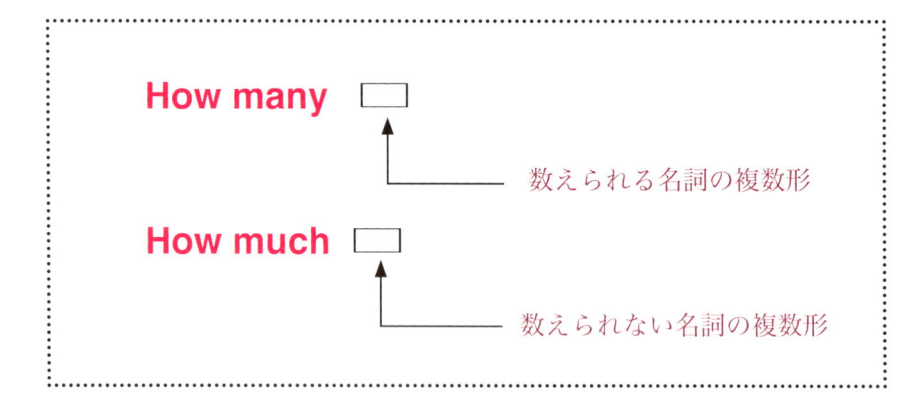

many の後ろには数えられる名詞の複数形が来ます。

Are there many students in the classroom?
「教室にたくさん生徒がいますか」

これに対して much の後ろには数えられない名詞の単数形がきます。

Is there much wine left in the bottle?
「ボトルの中にワインがたくさん残っていますか」

数量詞

この原則は How many ~ になっても How much ~ になっても変わりません。したがって，下記を見てわかるとおり，books は数えられる名詞の複数形なので，正解は①の many になります。

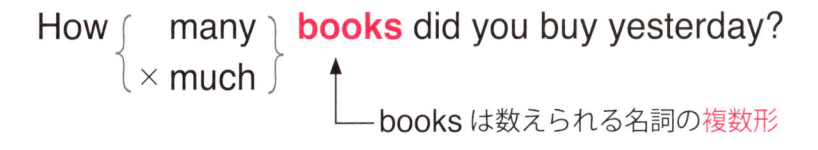

How { many / × much } **books** did you buy yesterday?

　　　　　　　　　　books は数えられる名詞の複数形

● 【さらに出来るようになるプラス講義】

many と much の関係に似ているものに few と little があります。

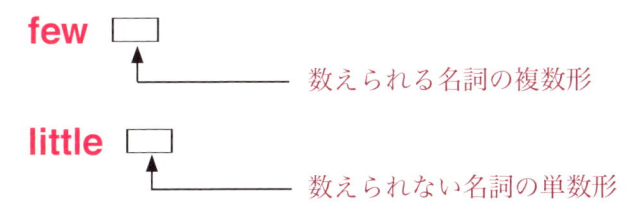

few □ ── 数えられる名詞の複数形

little □ ── 数えられない名詞の単数形

There are a few **books** on the desk.

「机の上に数冊本がある」

books は数えられる名詞の複数形

There is a little **water** left in the bottle.

「ボトルの中に少し水が残っています」

water は数えられない名詞の単数形

《正解》

① How **many** books did you buy yesterday?
　昨日何冊本を買ったの？

Q49

● 脱丸暗記への　　　　　　　集中講義

《どっちが正解？》

① A black and white dog **is** running around in the park.
② A black and white dog **are** running around in the park.

黒と白のまだらの１匹の犬が公園を走り回っています。

ポイント

a black and white dog　「黒と白のまだらの１匹の犬」

a | black and white | **dog**
⇧
black and white
「黒でありかつ白の」

a　　　　　**〜**　　　　　**dog**
「１匹の〜犬」

a black and white dog は「黒と白のまだらの 1 匹の犬」を指しますから，**単数扱い**です。「黒い犬と白い犬の計 2 匹」と考え，②のように複数扱いして are を使うのは間違いです。

したがって，正解は①ということになります。

🔴【さらに出来るようになるプラス講義】

「黒い犬と白い犬」は，white の前にもう 1 つ a を入れ **a** black and **a** white dog とします。

a black (dog) and **a white dog**

《正解》

① A black and white dog **is** running around in the park.
黒と白のまだらの 1 匹の犬が公園を走り回っています。

Q50

● 脱丸暗記への　　　　　　　　集中講義

《どっちが正解？》

① The old man has a lot of **money** in the bank.
② The old man has a lot of **moneys** in the bank.
その老人は銀行にたくさんの預金があります。

ポイント

a lot of ~「たくさんの~」 ┬ 数えられる名詞の複数形
　　　　　　　　　　　　　　└ 数えられない名詞の単数形

money「金」⇒ 数えられない名詞

　a lot of ~ は「たくさんの~」という意味で，数が多いことも量が多いことも示すことができます。
　many は数が多いこと，much は量が多いことを示すので，a lot of はこの両方の働きを持っていることになります。

この問題においては a lot of ~ の後に money が来るか moneys が来るかを決めなければなりませんが, money という単語は数えられない名詞です。「たくさんの」につられて moneys としてしまいそうですが, 複数形にはなりません。

したがって, 正解は①です。

類例

There is **a lot of water** left in the bottle.
「ボトルにたくさん水が残っています」

We have **a lot of rain** in Japan in June.
「日本では6月にはたくさん雨がふります」

He drank **a lot of beer**.
「彼はたくさんビールを飲みました」

《正解》

① The old man has a lot of **money** in the bank.
　その老人は銀行にたくさんの預金があります。

PART 2

解いて徹底マスター
脱丸暗記への練習問題

1 【練習問題】 be 動詞

次の英文の（　）に，日本文の意味になるよう be を変化させて入れなさい。

(1) I (　) a student.
　　私は学生である。

(2) You (　) kind.
　　あなたは親切である。

(3) He (　) a teacher.
　　彼は先生である。

(4) They (　) Japanese.
　　彼らは日本人である。

(5) Taro (　) busy yesterday.
　　タロウは昨日忙しかった。

(6) She (　) very beautiful.
　　彼女はとても美しい。

(7) They (　) happy then.
　　彼らはその時うれしかった。

(8) There (　) two lemons on the table.
　　テーブルの上にはレモンが2つある。

(9) There (　　) five coins in the box.
その箱の中には5枚のコインがあった。

(10) (　　) there many notebooks on the desk?
机の上にたくさんのノートがありますか。

II 次の英文をあとの指示に従って書きかえなさい。

(1) Kaori is beautiful.　（疑問文に）

(2) I am a teacher.　（否定文に）

(3) Takeshi was a teacher.　（疑問文に）

(4) They were busy then.　（否定文に）

(5) There is much water in the bottle.　（疑問文に）

III 次の日本語を英語に訳しなさい。

(1) トムは学生である。

(2) 私たちは今忙しい。

(3) 「あなたは医者ですか？」
「はい」

(4) 彼らは親切ではなかった。

(5) 公園にはあまり多くの人がいません。
（あまり多くの〜ない：not many 〜）

1 解答 練習問題

I (1) am (2) are (3) is (4) are (5) was
(6) is (7) were (8) are (9) were (10) Are

II (1) Is Kaori beautiful?

(2) I am not a teacher. / I'm not a teacher.

(3) Was Takeshi a teacher?

(4) They were not busy then.
=They weren't busy then.

(5) Is there much water in the bottle?

III (1) Tom is a student.

(2) We are busy now.

(3) "Are you a doctor?"
"Yes, I am."

(4) They were not kind.
=They weren't kind.

(5) There are not many people in the park.
=There aren't many people in the park.

2 【練習問題】 一般動詞

Ⅰ 次の英語を日本語に訳しなさい。

(1) I study English every day.

(2) She likes apples.

(3) They don't know Kaori.

(4) Ken doesn't drink coffee.

(5) Does Mary use a DVD recorder?

Ⅱ 次の英文の（　）に日本文の意味になるよう [　] の語を適する形にして入れなさい。

(1) Tom (　) three sons.　[have]
トムには3人の息子がいる。

(2) Kaori (　) music.　[like]
カオリは音楽が好きだ。

(3) My father (　) English every day.　[study]
私の父は毎日英語を勉強する。

(4) Does Mary (　) beer?　[drink]
メアリーはビールを飲みますか？

(5) Kenji (　　) a new car.　[want]
ケンジは新しい車をほしいと思っている。

III 次の英文をあとの指示に従って書きかえなさい。

(1) She cooks dinner.　（疑問文に）

(2) He drinks beer every day.　（否定文に）

(3) Nancy studies English.　（疑問文に）

(4) He has a guitar.　（否定文に）

(5) Mary plays tennis every morning.　（疑問文に）

IV 次の日本語を英語に訳しなさい。

(1) あなたは英語が好きですか。

(2) 私は毎日ラジオを聴く。（ラジオを聴く：listen to the radio）

(3) トムは毎週野球をする。（毎週：every week）

(4) 「彼らは牛肉を食べますか？」（牛肉を食べる：eat beef）
「いいえ」

(5) イチローはアメリカに住んでいる。（アメリカに：in America）

2 解答 練習問題

I
(1) 私は毎日英語を勉強する。

(2) 彼女はりんごが好きだ。

(3) 彼らはカオリのことを知らない。

(4) ケンはコーヒーを飲まない。

(5) メアリーは DVD レコーダーを使いますか？

II (1) has　(2) likes　(3) studies　(4) drink　(5) wants

III (1) Does she cook dinner?

(2) He doesn't drink beer every day.

(3) Does Nancy study English?

(4) He doesn't have a guitar.

(5) Does Mary play tennis every morning?

IV (1) Do you like English?

(2) I listen to the radio every day.

(3) Tom plays baseball every week.

(4) "Do they eat beef?"
"No, they don't."

(5) Ichiro lives in America.

3 【練習問題】 現在形

次の英文の（　）に日本文の意味になるよう［　］の語を適する形にして入れなさい。

(1) Tom (　) kind.　[be]
トムは親切だ。

(2) (　) you a music teacher?　[be]
あなたは音楽の先生ですか。

(3) I (　) not busy now.　[be]
私は今忙しくない。

(4) We (　) French.　[be]
私たちはフランス人です。

(5) (　) Kaori in America?　[be]
カオリはアメリカにいるのですか。

(6) I (　) a computer.　[have]
私はコンピュータを持っている。

(7) Do you (　) chess?　[play]
あなたはチェスをしますか。

(8) Does Kaori (　) music?　[love]
カオリは音楽を愛していますか。

(9) They (　　) tea every morning.　[drink]
彼らは毎朝紅茶を飲みます。

(10) Kenji (　　) to church every Sunday.　[go]
ケンジは毎週日曜日教会に行く。

II 次の英文をあとの指示に従って書きかえなさい。

(1) Mary is kind.　（疑問文に）

(2) They are doctors.　（否定文に）

(3) Tom knows Kaori.　（疑問文に）

(4) Satsuki likes school.　（否定文に）

(5) They drink beer every evening.　（疑問文に）

III 次の日本語を英語に訳しなさい。

(1) トムは医者です。

(2) 彼の名前はケンです。（「彼の名前」：his name）

(3) 彼はカオリを愛しています。

(4) カオリは毎日学校まで歩いて行きます。
（「学校まで歩いて行く」：walk to school）

(5) 「トムは毎日英語を勉強しますか？」
「いいえ」

3 解答 練習問題

I (1) is (2) Are (3) am (4) are (5) Is

(6) have (7) play (8) love (9) drink (10) goes

II (1) Is Mary kind?

(2) They are not doctors. / They aren't doctors.

(3) Does Tom know Kaori?

(4) Satsuki doesn't like school.

(5) Do they drink beer every evening?

III (1) Tom is a doctor.

(2) His name is Ken.

(3) He loves Kaori.

(4) Kaori walks to school every day.

(5) "Does Tom study English every day?" "No, he doesn't."

4 【練習問題】 過去形

次の英文の（　）に日本文の意味になるよう [　] の語を適する形にして入れなさい。

(1) I (　) very busy last week.　[be]
私は先週とても忙しかった。

(2) We (　) not in the park then.　[be]
私たちはその時公園にいませんでした。

(3) We (　) tennis last Sunday.　[play]
私たちは先週の日曜日テニスをしました。

(4) Kaori didn't (　) to school yesterday.　[go]
カオリは昨日学校に行きませんでした。

(5) Did Tom (　) a new bat?　[buy]
トムは新しいバットを買いましたか。

(6) We (　) to the concert last night.　[go]
私たちは昨夜そのコンサートに行きました。

(7) Tom (　) here yesterday.　[come]
トムは昨日ここに来ました。

(8) I (　) English yesterday.　[study]
私は昨日英語を勉強しました。

(9) Mary (　　) in Osaka two years ago.　[live]
　　メアリーは 2 年前大阪に住んでいました。

(10) I (　　) two books yesterday.　[read]
　　私は昨日 2 冊の本を読みました。

II 次の英文をあとの指示に従って書きかえなさい。

(1) Kenji was very rich.　（疑問文に）

(2) She played tennis last week.　（否定文に）

(3) Nancy made a cake last Sunday.　（疑問文に）

(4) I bought many lemons yesterday.　（否定文に）

(5) Tom broke a window yesterday.　（疑問文に）

III 次の日本語を英語に訳しなさい。

(1) ナンシーは美しかった。（美しい：beautiful）

(2) 私たちはあまり幸せではなかった。（あまり…ない：not very ...）

(3) 彼らは昨日チェスをしました。

(4) トムは昨日手紙を書きました。（書く：write）

(5) 私たちは昨日牛肉を食べました。（牛肉を食べる：eat beef）

4 解答　練習問題

I (1) was　(2) were　(3) played　(4) go
(5) buy　(6) went　(7) came　(8) studied
(9) lived　(10) read

II (1) Was Kenji very rich?
(2) She didn't play tennis last week.
(3) Did Nancy make a cake last Sunday?
(4) I didn't buy many lemons yesterday.
(5) Did Tom break a window yesterday?

III (1) Nancy was beautiful.
(2) We were not very happy.
=We weren't very happy.
(3) They played chess yesterday.
(4) Tom wrote a letter yesterday.
(5) We ate beef yesterday.

5 【練習問題】 進行形

Ⅰ 日本文の意味になるように（　）を埋めて英文を完成しなさい。ただし，[　]の単語を使うこと。

(1) I (　) (　) lunch now.　[eat]
私は今昼食を食べている途中です。

(2) Kaori (　) (　) to school.　[go]
カオリは学校に行く途中です。

(3) They (　) (　) in the park.　[run]
彼らは公園を走っています。

(4) I (　) (　) a book then.　[read]
私はその時本を読んでいる途中でした。

(5) Kenji (　) (　) in the sea then.　[swim]
その時ケンジは海で泳いでいました。

(6) We (　) (　) a song then.　[sing]
私たちはその時歌を歌っていました。

(7) (　) they (　) the classroom then?　[clean]
その時彼らは教室を掃除していましたか。

(8) Tom (　) (　) (　) then.　[study]
その時トムは勉強していませんでした。

(9) I (　　) (　　) a letter now.　[write]
今私は手紙を書いています。

(10) Mary (　　) (　　) under the tree.　[sleep]
メアリーは木の下で眠っています。

II 次の英文をあとの指示に従って書きかえなさい。

(1) Tom is watching TV now.　（疑問文に）

(2) Kaori was listening to the radio then.　（否定文に）

(3) They were playing baseball then.　（疑問文に）

(4) We are going to the zoo.　（否定文に）

(5) Takeshi is driving a car now.　（疑問文に）

III 次の日本語を英語に訳しなさい。

(1) 彼は今星を見ています。（星を見る：look at the stars）

(2) 彼らは今海で泳いでいます。

(3) 彼らは今テニスをしていません。

(4) 「カオリはその時公園を散歩中でしたか？」
「いいえ」

(5) 「トムはその時仕事中でしたか？」
「はい」

5 解答 練習問題

I
(1) am eating (2) is going
(3) are running (4) was reading
(5) was swimming (6) were singing
(7) Were, cleaning (8) was not studying
(9) am writing (10) is sleeping

II
(1) Is Tom watching TV now?
(2) Kaori wasn't[was not] listening to the radio then.
(3) Were they playing baseball then?
(4) We aren't[are not] going to the zoo.
(5) Is Takeshi driving a car now?

III
(1) He is looking at the stars now.
(2) They are swimming in the sea now.
(3) They aren't[are not] playing tennis now.
(4) "Was Kaori walking in the park then[at that time]?" "No, she wasn't[was not]."
(5) "Was Tom working then[at that time]?" "Yes, he was."

6 【練習問題】 未来表現

次の英文の（　　）に入る語（句）をそれぞれ下のア・イから選びなさい。

(1) I (　) this book tomorrow.
　ア　will buy　　　　　　　イ　will buying

(2) Mary (　) eighteen next month.
　ア　wills be　　　　　　　イ　will be

(3) We (　) see Tom tonight.
　ア　be going to　　　　　　イ　are going to

(4) Tom (　) go to the party.
　ア　will not　　　　　　　イ　wills not

(5) They (　) going to visit Canada next week.
　ア　be not　　　　　　　　イ　are not

(6) (　) you open the door?
　ア　Will　　　　　　　　　イ　Are

(7) (　) you going to play tennis this afternoon?
　ア　Will　　　　　　　　　イ　Are

(8) Megumi (　) a great pianist.
　ア　will be　　　　　　　　イ　are going to be

(9) I (　) Tom tonight.
　ア　will wrote to　　　　　イ　will write to

⑽ (　　) Kaori be a great guitarist?
　　ア　Will　　　　　　　　イ　Wills

II 次の英語を日本語に訳しなさい。

(1) It is going to rain this afternoon.
（this afternoon：今日の午後）

(2) Will you have some tea?

(3) Tom is not going to buy a car.

(4) Are they going to play baseball tomorrow?

(5) Mary will not come on time. （on time：時間通りに）

III 次の日本語を指示に従って英語に訳しなさい。

(1) 私たちは今度の土曜日野球をするつもりだ。
（be going to 原形を使って）（今度の土曜日：next Saturday）

(2) 「あなたは明日ゴルフをするつもりですか？」
（be going to 原形を使って）（ゴルフ：golf）
「いいえ」

(3) トムは明日映画には行かない。
（will を使って）（映画に行く：go to the movies）

(4) ピアノを弾いてくれませんか？
（ピアノを弾く：play the piano）

(5) トムは今晩私の誕生パーティに来ます。（will を使って）

6 解答 練習問題

I (1) ア (2) イ (3) イ (4) ア (5) イ
(6) ア (7) イ (8) ア (9) イ (10) ア

II (1) 今日の午後は雨が降りそうだ。
(今日の午後は雨が降る兆しだ)

(2) 紅茶をいかがですか？

(3) トムは車を買うつもりがない。

(4) 彼らは明日野球をするつもりでいますか。

(5) メアリーは時間通りに来ないだろう。

III (1) We are going to play baseball next Saturday.

(2) "Are you going to play golf tomorrow?"
"No, I'm not [am not]."

(3) Tom won't [will not] go to the movies tomorrow.

(4) Will you play the piano?

(5) Tom will come to my birthday party tonight.

7 【練習問題】 助動詞

I 次の英語を日本語に訳しなさい。

(1) You must stay at home. (stay at home：家にいる)

(2) He can play the guitar.

(3) You may go out.

(4) Tom should study hard.

(5) We have to work on Sunday.

(6) Tom had to study English.

(7) You don't have to cook dinner.

(8) You had better stay at home.

(9) Mary was able to see Tom.

(10) May I borrow this book?

II 日本文の意味になるように（　　）を埋めて英文を完成しなさい。

(1) あなたはもう寝てよい。
You (　　) go to bed.

(2) ケンジは車を運転できない。
Kenji (　　) drive a car.

(3) カオリはギターをうまく弾くことができた。
Kaori (　　) (　　) (　　) play the guitar.

(4) トムはそこに行く必要がない。
Tom (　　) (　　) (　　) go there.

(5) あなたはその本を読んだほうがよい。
You (　　) (　　) read the book.

III 次の日本語を英語に訳しなさい。

(1) 私たちはトムを待たなければならない。
（「～を待つ」：wait for ~）

(2) トムは日曜日に学校に行く必要がある。

(3) あなたはここにとどまってよい。
（ここにとどまる：stay here）

(4) トムは上手に日本語を話すことができた。
（上手に：well）

(5) あなたは早く家に帰った方がよい。
（早く：early）

7 解答 練習問題

I
(1) あなたは家にいなければならない。

(2) 彼はギターを弾くことができる。

(3) あなたは外出してよい。

(4) トムは一生懸命に勉強するべきでしょう。

(5) 私たちは日曜日に働く必要がある。

(6) トムは英語を勉強する必要があった。

(7) あなたは夕食を作る必要がない。

(8) あなたは家にいた方がよい。

(9) メアリーは（現実に／実際に）トムに会うことができた。

(10) （私が）この本を借りてもいいですか。

II (1) may　(2) can't [cannot]　(3) was able to

(4) doesn't { have / need } to　(5) had better

III (1) We must wait for Tom. / We have to wait for Tom.

(2) Tom has to go to school on Sunday.

(3) You may stay here.

(4) Tom was able to speak Japanese well.

(5) You had better go home early.

8 【練習問題】 a と the と名詞

I 次の英文の（　）に a または an のうち適するほうを入れなさい。

(1) Tom is (　) student.

(2) I bought (　) book.

(3) I ate (　) apple yesterday.

(4) Hiromi is (　) girl.

(5) Kaori has (　) cat.

II 次の単語の複数形を書きなさい。

(1) student

(2) book

(3) apple

(4) boy

(5) box

(6) knife

(7) foot

(8) woman

(9) leaf

(10) child

III 次の日本語を英語に訳しなさい。

(1) 昨日グラス1杯のビールを飲みました。
（グラス1杯の〜：a glass of ~）

(2) 太陽は東から昇る。（東から：in the east ／昇る：rise）

(3) カオリは（他の楽器ではなく）ピアノを上手に弾きます。

(4) ケンジには子どもが3人います。

(5) トムは午前中に英語を勉強します。

| 8 | 解答 | 練習問題 |

I (1) a (2) a (3) an (4) a (5) a

II (1) students (2) books
(3) apples (4) boys
(5) boxes (6) knives
(7) feet (8) women
(9) leaves (10) children

III (1) I drank a glass of beer yesterday.

(2) The sun rises in the east.

(3) Kaori plays the guitar well.

(4) Kenji has three children.

(5) Tom studies English in the morning.

9 【練習問題】 代名詞

Ⅰ 次の（　　）から適語を選びなさい。

(1) I love (he, his, him).

(2) Do you know (she, her, hers) mother?

(3) Mr. Takahashi is (we, our, us) teacher.

(4) Tom is talking with (they, their, them).

(5) (They, Their, Them) are playing baseball.

(6) I have a cat. (It, Its, It's) name is Puchi.

(7) This pen is (she, her, hers).

(8) (He, His, Him) is singing a song.

(9) (You, Your, Yours) father is very tall.

(10) I went there with (she, her, hers).

II 次の英語を日本語に訳しなさい。

(1) We enjoyed baseball yesterday.

(2) Tom talked to us.

(3) That is her guitar.

(4) Is that guitar hers?

(5) That girl is my sister.

III 次の日本語を英語に訳しなさい。

(1) 彼らは学生です。

(2) 私はあなたのお父さんを知っています。

(3) 私は彼女を愛しています。

(4) これらは彼女の本です。

(5) あれらの辞書は彼のものです。（辞書：dictionary）

9 解答 練習問題

I (1) him (2) her (3) our
(4) them (5) They (6) Its
(7) hers (8) He (9) Your (10) her

II (1) 私たちは昨日野球を楽しんだ。

(2) トムは私たちに話しかけた。

(3) あれは彼女のギターです。

(4) あのギターは彼女の（もの）ですか？

(5) あの女の子は私の姉（妹）です。

III (1) They are students.

(2) I know your father.

(3) I love her.

(4) These are her books.

(5) Those dictionaries are his.

10 【練習問題】 疑問詞

次の英文の（　　）に日本文の意味になるよう適語を入れなさい。

(1) (　　) is that woman?
あの女性は誰ですか？

(2) (　　) did you buy yesterday?
あなたは昨日何を買いましたか？

(3) "(　　) bag is this?"
「これは誰のかばんですか？」

"It's (　　)."
「それはトムのかばんです」

(4) (　　) time do you have breakfast?
何時にあなたは朝食をとりますか？

(5) "(　　) did you come here?"
「あなたはどうやってここに来ましたか？」

"I came here (　　) (　　)."
「私は自転車でここに来ました」

(6) "( ) broke the window?"
「誰がその窓を割ったの？」

"Tom did."
「トムです」

(7) ( ) is your watch?
どれがあなたの時計ですか？
　　※which は「どちら」の意味にも使えます。

(8) ( ) did she go to Canada?
彼女はいつカナダに行ったのですか？

(9) ( ) are you going?
どこへ行く途中ですか？

(10) ( ) did Tom go to America?
どうしてトムはアメリカに行ったのですか？

Ⅱ 次の英語を日本語に訳しなさい。

(1) Whose pen is this?

(2) Which boy is your brother?

(3) How many dogs do you have?

(4) Where does your uncle live?

(5) Why did you go to the station?

III 次の日本語を英語に訳しなさい。

(1) あなたは先週何をしましたか？（先週：last week）

(2)「誰が歌っているのですか？」
　　「ケンジです」

(3) あれは誰のお父さんですか？

(4) 毎朝何時にあなたは起きますか？（起きる：get up）

(5) あなたは何歳ですか？
　　（「どのくらい年をとっているのか」と考えます）

10 解答　練習問題

I (1) Who　(2) What　(3) Whose, Tom's
(4) What　(5) How, by bicycle　(6) Who
(7) Which　(8) When　(9) Where　(10) Why

II (1) これは誰のペンですか？

(2) どの少年があなたのお兄さん［弟］ですか？

(3) あなたは何匹［どのくらい多く］の犬を飼っていますか？

(4) あなたのおじさんはどこに住んでいますか？

(5) なぜあなたは駅に行ったのですか？

III (1) What did you do last week?

(2) "Who is singing (a song)?"

"Kenji is."

(3) Whose father is that?

(4) What time do you get up every morning?

(5) How old are you?

11 【練習問題】 比較（1）

次の英文の（　）に日本文の意味になるよう適語を入れなさい。

(1) I am (　) (　) (　) Tom.
　　私はトムと同じ年です。

(2) He runs (　) (　) (　) she does.
　　彼は彼女と同じ位速く走ります。

(3) Keiko plays the guitar (　) (　) (　) he does.
　　ケイコは彼と同じ位上手にギターを弾きます。

(4) My cat is (　) (　) (　) (　) yours.
　　私の猫はあなたのほど大きくありません。

(5) This question is (　) (　) that one.
　　この問いはあの問いより簡単だ。

(6) I can swim (　) (　) Kenji.
　　私はケンジより上手に泳げます。

(7) Ken gets up (　) (　) I do.
　　ケンは私より早起きです。

(8) Tom is (　) (　) (　) the five.
　　トムはその5人の中で一番年上です。

(9) Megumi plays the piano (　　) (　　) (　　) her class.

　　メグミは彼女のクラスで一番ピアノを上手に弾きます。

(10) Tom studied (　　) (　　) (　　) all the boys.

　　トムはその男の子全員の中で一番熱心に勉強しました。

II 次の英語を日本語に訳しなさい。

(1) My sister is as old as Tom.

(2) My watch is not as good as yours.

(3) I can swim faster than he can.

(4) Mary can speak Japanese better than Tom.

(5) Tom can sing that song the best in his class.

III 次の日本語を英語に訳しなさい。

(1) メアリーはあの歌手と同じくらいかわいいです。

(2) ケンはトムほど若くありません。

(3) 彼は私より早く起きます。

(4) メグミはわたしより上手にピアノを弾けます。

(5) 彼女は私のクラスの中で一番上手に英語を話せます。

11 解答 練習問題

I (1) as old as (2) as fast as (3) as well as

(4) not as big[large] as または not so big[large] as

(5) easier than (6) better than (7) earlier than

(8) the oldest of (9) the best in

(10) the hardest of

II (1) 私の妹[姉]はトムと同じ年です。

(2) 私の時計はあなたのものほどよくありません。

(3) 私は彼より速く泳げます。

(4) メアリーはトムより上手に日本語を話せます。

(5) トムはあの歌を彼のクラスで一番上手に歌えます。

III (1) Mary is as pretty as that singer (is).

(2) Ken is not as[so] young as Tom (is).

(3) He gets up earlier than $\begin{Bmatrix} \text{I do} \\ \text{me} \end{Bmatrix}$.

(4) Megumi can play the piano better than $\begin{Bmatrix} \text{I can} \\ \text{me} \end{Bmatrix}$.

(5) She can speak English (the) best in my class.

【練習問題】 12　比較（2）

次の英文の（　）に日本文の意味になるよう適語を入れなさい。

(1) This garden is (　) (　) (　) my garden.
この庭はうちの庭よりも美しい。

(2) That novel is (　) (　) (　) this.
あの小説の方がこれよりも興味をひきます。

(3) Baseball was (　) (　) (　) soccer.
野球はサッカーよりも人気があった。

(4) This question is (　) (　) (　) of all.
この問いは全ての問いの中で一番難しい。

(5) This book is (　) (　) (　) of the four.
この本は4冊の中で一番役に立つ。

(6) Tom drives a car (　) (　) (　) of the three.
トムがその3人の中で一番注意して運転します。

(7) Ken learns (　) (　) (　) I.
ケンは私より早くものを覚える。

(8) Mr. Suzuki speaks (　) (　) (　) any other teacher.
鈴木先生は他のどの先生よりもゆっくり話します。

(9) Baseball is one of (　　) (　　) (　　) sports in America.

野球はアメリカで極めて人気のあるスポーツの1つです。

(10) (　　) is (　　), Tom or Taro?

トムとタローではどちらの方が背が高いですか。

II 次の英語を日本語に訳しなさい。

(1) This dress is more beautiful than that one.

(2) He is one of the most popular writers in the world.

(3) Which do you like better, tea or coffee?

(4) He can swim faster than any other boy in his class.

(5) Your doll is three times as big as mine.

III 次の日本語を英語に訳しなさい。

(1) メアリーの方が私より人気があります。

(2) 長谷川先生は私の学校で一番ゆっくり話します。

(3) 野球とサッカーとではどちらのほうが人気がありますか？

(4) メグミは私の学校の他のどの生徒よりも上手にピアノを弾きます。

(5) 彼は日本で極めて有名な歌手の1人です。

12 解答 練習問題

I
(1) more beautiful than (2) more interesting than
(3) more popular than   (4) the most difficult
(5) the most useful   (6) the most carefully
(7) more quickly than   (8) more slowly than
(9) the most popular   (10) Who, taller

II
(1) このドレスはあのドレスよりも美しい。
(2) 彼は世界で極めて人気のある作家の１人です。
(3) 紅茶とコーヒーとではどちらの方がお好きですか？
(4) 彼は彼のクラスの他のどの男の子よりも速く泳げます。
(5) あなたの人形は私の人形の３倍の大きさです。

III
(1) Mary is more popular than { I am / me }.
(2) Mr. Hasegawa speaks (the) most slowly in my school.
(3) Which is more popular, baseball or soccer?
(4) Megumi can play the piano better than any other student in my school.
(5) He is one of the most famous singers in Japan.

13 【練習問題】 命令文・感嘆文

次の英文の（　）に日本文の意味になるよう適語を入れなさい。

(1) (　　) hard.
　　一生懸命勉強しなさい。

(2) (　　) quiet.
　　静かにしなさい。

(3) Please (　　) the door.
　　その戸を閉めてください。

(4) Don't (　　) soccer here.
　　ここでサッカーをするな。

(5) (　　) a clever boy he is!
　　彼は何て利口な子なんだ！

(6) (　　) beautiful this flower is!
　　この花は何てきれいなんだ！

(7) (　　) walk to the park.
　　歩いて公園に行きましょう。

(8) (　　) kind to other people.
　　他人に親切にしなさい。

(9) (　　) a fool you are!
君は何て馬鹿なんだ。

(10) (　　) well Megumi plays the piano!
メグミは何て上手にピアノを弾くんだ。

II 次の英語を日本語に訳しなさい。

(1) Look at that bird.

(2) Please be quiet.

(3) Don't be late for school.

(4) What a tall building that is!

(5) How hard Tom is studying!

III 次の日本語を英語に訳しなさい。

(1) 一生懸命働きなさい。

(2) 動物にやさしくしなさい。

(3) ここで騒いではいけません。(騒ぐ：be noisy)

(4) 彼らは何て良い子たちなんだろう。

(5) 彼は何て上手に歌えるんだろう。

13 解答 練習問題

I (1) Study (2) Be (3) shut [close] (4) play
(5) What (6) How (7) Let's (8) Be
(9) What (10) How

II (1) あの鳥を見なさい。

(2) （すみませんが）静かにして下さい。

(3) 学校に遅れるな。

(4) あれは何て高い建物だ。

(5) 何て熱心にトムは勉強しているんだ。

III (1) Work hard.

(2) Be kind to animals.

(3) Don't be noisy here.

(4) What good children they are!

(5) How well he can sing!

14 【練習問題】 受動態

Ⅰ 次の英文の（　　）に日本文の意味になるよう適語を入れなさい。

(1) Megumi is (　　) by everyone.
メグミはみんなに好かれています。

(2) This book was (　　) by Ichiro.
この本はイチローによって書かれました。

(3) That book is not (　　) at the bookshop.
その本はその書店では売られていません。

(4) Is that song (　　) by many people?
その歌は多くの人によって歌われていますか？

(5) Her name is (　　) to everyone.
彼女の名前はみんなに知られています。

(6) I was (　　) to the party.
私はそのパーティに招待されました。

(7) This watch is (　　) in Japan.
この腕時計は日本で作られています。

(8) This place is not (　　) by many people.
この場所は多くの人に訪問されてはいません。

(9) Was that bicycle (　　) by Tom?
あの自転車はトムに買われたのですか？

(10) I am (　　) in history.
私は歴史に興味があります。

II 次の英語を日本語に訳しなさい。

(1) This room was cleaned by my mother.

(2) Meat is sold at this shop.

(3) Tom is not invited to the party.

(4) Was this house built by Mr. Suzuki?

(5) The theater was filled with people.

III 次の日本語を英語に訳しなさい。

(1) カオリは両親に愛されています。

(2) カナダではフランス語が話されています。

(3) それらの皿はメグミによって洗われたのではありません。

(4) 「あなたの国では生魚が食べられていますか？」
「いいえ，食べられていません」

(5) 私は美術に興味があります。

14 解答 練習問題

I (1) liked (2) written (3) sold (4) sung (5) known (6) invited (7) made (8) visited (9) bought (10) interested

II (1) この部屋は私の母によって掃除されました。

(2) この店では肉が売られています。

(3) トムはそのパーティに招待されていません。

(4) この家は鈴木さんによって建てられたのですか。

(5) （その）劇場は人でいっぱいでした。

III (1) Kaori is loved by her parents.

(2) French is spoken in Canada.

(3) Those dishes were not washed by Megumi.

(4) "Is raw fish eaten in your country?"
"No, it isn't."

(5) I'm interested in art.

15 【練習問題】 現在完了

次の英文の（　）に日本文の意味になるよう適語を入れなさい。

(1) His grandfather (　　) (　　) sick in bed since last week.
彼のおじいさんは先週からずっと病気で寝ています。

(2) I (　　) already (　　) my work.
私はすでに仕事を終えています。

(3) My sister (　　) (　　) New York before.
私の妹は以前ニューヨークを訪問したことがあります。

(4) (　　) you (　　) supper yet?
もう夕食をとりましたか？

(5) He (　　) (　　) (　　) his work yet.
彼はまだ仕事を終えていません。

(6) I have (　　) cleaned the room.
私はちょうどその部屋を掃除したところです。

(7) Kaori has been to Spain (　　) (　　).
カオリは何度もスペインに行ったことがあります。

(8) My uncle has lived in Tokyo (　　) (　　) (　　) (　　).
私の叔父は長い間東京に住んでいます。

177

(9) Have you washed the dishes (　　)?
もうお皿を洗いましたか？

(10) My mother has (　　) visited Italy.
私の母は一度もイタリアを訪問したことがありません。

II 次の英語を日本語に訳しなさい。

(1) Have you known Tom since then?

(2) My brother has gone to America.

(3) How many times have you been to Sapporo?

(4) Have you ever read the novel?

(5) I have seen the pop star once. (pop star：アイドル歌手)

III 次の日本語を英語に訳しなさい。

(1) 私はずっとその時計がほしいと思っています。

(2) 寿司を食べたことがありますか。

(3) （ちょうど）公園に行って来たところです。

(4) 私は一度もパンダを見たことがありません。(「パンダ」 panda)

(5) トムはまだ帰宅していません。

15 解答 練習問題

I
(1) has been (2) have, finished [done]
(3) has visited (4) Have, had [eaten]
(5) has not finished [done] (6) just
(7) many times (8) for a long time
(9) yet (10) never

II
(1) (あなたは) トムとはその時以来の知り合いですか？
(2) 私の兄［弟］はアメリカに行っている［行ってしまった］。
(3) 何度札幌に行ったことがありますか？
(4) （今までに）その小説を読んだことがありますか？
(5) （私は）一度そのアイドル歌手に会ったことがあります。

III
(1) I have (long) wanted the watch[clock].
(2) Have you (ever) had [eaten] sushi?
(3) I have just been to the park.
(4) I have never seen a panda.
(5) Tom hasn't [has not] come home yet.

16 【練習問題】 -ing 形と過去分詞

次の英文の(　)に日本文の意味になるよう適語を入れなさい。

(1) (　　) the guitar is a lot of fun.
ギターを弾いているのはとても楽しい。

(2) Mary likes (　　) cakes.
メアリーはケーキを作るのが好きだ。

(3) My hobby is (　　) movie posters.
私の趣味は映画のポスターを集めることです。

(4) Tom helped a (　　) man yesterday.
トムは昨日溺れかけている男を助けた。（溺れる：drown）

(5) The girl (　　) a book over there is Kaori.
向こうで本を読んでいる女の子はカオリです。

(6) I ate a (　　) egg for breakfast today.
私は今日朝食にゆで卵を食べました。
（ゆでられた卵と考えます。ゆでる：boil）

(7) Hermione is a girl (　　) by everyone.
ハーマイオニーはみんなに愛される女の子です。

(8) We enjoyed (　　) tennis this morning.
今朝私たちはテニスをして楽しみました。

(9) Ichiro left the room without (　　) anything.

イチローは何も言わずに部屋を出て行きました。
(〜せずに：without 〜 ing)

(10) The fish (　　) by Ron was very big.

ロンが釣った魚はとても大きかった。
(釣られた魚と考えます。釣る：catch)

II 次の英語を日本語に訳しなさい。

(1) Talking with you is a lot of fun.

(2) Kaori put a blanket over the sleeping child.

(3) Do you know the boy sitting on the bench?

(4) There is broken glass on the floor.

(5) I bought a ring made of gold.

III 次の日本語を英語に訳しなさい。

(1) プールで泳いでいるのは楽しい。

(2) 彼はテレビを見ているのが好きです。

(3) 私の趣味は古銭を集めることです。

(4) 向こうを飛んでいる鳥を見て。（向こう：over there）

(5) これはケンジが撮った写真です。（撮られた写真と考えます）

| **16** | **解答** | **練習問題** |

I (1) Playing (2) making (3) collecting

(4) drowning (5) reading (6) boiled

(7) loved (8) playing (9) saying

(10) caught

II (1) あなたと話しているのはとても楽しい。

(2) カオリは眠っている子供に毛布をかけた。

(3) あなたはベンチに座っている男の子を知っていますか。

(4) 床の上に割れたガラスがあります。

(5) 私は金で作られた指輪を買いました。

III (1) Swimming in the pool is (a lot of) fun.

(2) He likes watching TV [television].

(3) My hobby is collecting old coins.

(4) Watch the bird flying over there.

(5) This is a picture taken by Kenji.

17 【練習問題】who, which, that の応用（関係代名詞）

PART 1

I 次の英文の（　　）に who か which を入れなさい。

(1) I know a girl (　　) speaks French well.

(2) Mary bought a doll (　　) had blue eyes.

(3) This is the book (　　) I like best.

(4) I want a house (　　) has a walk-in closet.

(5) This is the guitar (　　) Kaori bought yesterday.

(6) I have a friend (　　) can swim very fast.

(7) I have a book (　　) was written by Harry.

(8) Kenji read a letter (　　) his girlfriend wrote.

(9) Mr. Takahashi is a teacher (　　) teaches us English.

(10) I know a girl (　　) can eat 100 apple pies.

II 次の英語を日本語に訳しなさい。

(1) Look at the boy who has some books in his hand.

(2) I have a watch which was made in Switzerland.

(3) This is the house which Tom bought a few days ago.

(4) These are the pictures that Ichiro painted in China.

(5) Maki bought a doll that had large eyes.

(6) Yuji is the boy I love.

(7) The girl who is singing over there is my sister.

(8) The book which was written by Ichiro is interesting.

(9) The camera which my father bought in Italy was cheap.

(10) The teacher I like best is Mr. Takahashi.

17 解答 練習問題

I (1) who (2) which (3) which (4) which
   (5) which (6) who (7) which (8) which
   (9) who (10) who

II (1) 手に何冊かの本を持っている男の子を見なさい。

   (2) 私はスイスで作られた時計を持っています。

   (3) これが数日前トムが買った家です。

   (4) これ（ら）がイチローが中国で描いた絵です。

   (5) マキは大きな目をした人形を買いました。

   (6) ユウジは私が愛する男の子です。

   (7) 向こうで歌っている女の子は私の姉［妹］です。

   (8) イチローによって書かれた本はおもしろい。

   (9) 父がイタリアで買ったカメラは安かった。

   (10) 私が一番好きな先生はタカハシ先生です。

18 【練習問題】 to 不定詞

次の英文の（　　）に日本文の意味になるよう適語を入れなさい。

(1) My dream is (　　) (　　) a world-famous scholar.
　　私の夢は世界的に有名な学者になることです。

(2) I want (　　) (　　) a teacher.
　　私は先生になりたい。

(3) I have a lot of things (　　) (　　).
　　私にはするべきことがたくさんあります。

(4) Tom went to the station (　　) (　　) his uncle.
　　トムはおじさんを出迎えるために駅に行きました。

(5) (　　) is my dream (　　) (　　) a major leaguer.
　　大リーガーになるのが私の夢です。

(6) I want to learn (　　) (　　) use a computer.
　　私はコンピュータの使い方を習いたい。

(7) I didn't know (　　) (　　) say to Mary.
　　私はメアリーに何を言うべきかわからなかった。

(8) Please tell me (　　) (　　) buy a good watch.
　　どこでいい時計が買えるか教えてください。

(9) I ( ) you ( ) help me with my work.
あなたに仕事を手伝ってもらいたい。

(10) He was ( ) hungry ( ) move.
彼はおなかがへり過ぎて動けなかった。

II 次の英語を日本語に訳しなさい。

(1) To stop smoking is very hard.

(2) I have no time to go to the movies.

(3) Harry went to the bookshop to buy comic books.

(4) It is difficult to solve this math problem.

(5) Megumi learned how to play the piano at school.

III 次の日本語を英語に訳しなさい。

(1) 彼の計画はカナダを訪問することだ。

(2) その男の子は何か飲み物が欲しかった。

(3) イチローは泳ぐために川に行きました。

(4) 私の夢は日本一の医者になることです。

(5) 私たちは昨日夕食を食べにそのレストランに行きました。

18 解答 練習問題

I (1) to become [be]　(2) to become [be]
(3) to do　(4) to meet　(5) It, to become [be]
(6) how to　(7) what to　(8) where to
(9) want, to　(10) too, to

II (1) タバコをやめること［禁煙］はとても難しい。
(2) 私には映画に行く時間がありません。
(3) ハリーは漫画を買うために本屋に行きました。
(4) この数学の問題を解くことは難しい。
(5) メグミは学校でピアノの弾き方を学びました。

III (1) His plan is to visit Canada.
(2) That [The] boy wanted something to drink.
(3) Ichiro went to the river to swim.
(4) My dream is to become [be] the best doctor in Japan.
(5) We went to that [the] restaurant to have [eat] dinner [supper].

ブックデザイン	銀月堂
編集協力	音玄堂
編集担当	斎藤俊樹（三修社）

2択で始める「脱丸暗記」の英文法50

2013年7月20日　第1刷発行

著　者	永井史郎
発行者	前田俊秀
発行所	株式会社三修社
	〒150-0001　東京都渋谷区神宮前2-2-22
	TEL 03-3405-4511　FAX 03-3405-4522
	振替 00190-9-72758
	http://www.sanshusha.co.jp/
印刷製本	日経印刷株式会社

©2013 Printed in Japan
ISBN978-4-384-04343-3 C1082

〈日本複製権センター委託出版物〉
本書を無断で複写複製（コピー）することは，著作権法上の例外を除き，禁じられています。本書をコピーされる場合は，事前に日本複製権センター（JRRC）の許諾を受けてください。
JRRC 〈http://www.jrrc.or.jp　email:info@jrrc.or.jp　Tel:03-3401-2382〉

本で学んだことを通勤通学中に気軽にチェック！

書籍版との併用でさらに効果的に
『英語の耳』をマスターしよう！

iPhone版アプリ
『英語の耳』になる！

大好評
「『英語の耳』になる！」シリーズから**アプリ**が新登場

Appストアで `Q 英語の耳になる` で検索！

あなたの耳は何イヤー？
▶▶▶ 聴き取り○×クイズ

① テーマメニュー
1. 独特な音変化編 — 違う音に聴こえる！
2. 肯定／否定語編 — 聴き間違えたら大変！
3. 疑問・時制・前置詞編 — うっかりしやすい！
4. 代名詞編 — 脱落、変化に負けない！
5. 頻出単語編 — こんなに変化している！

書籍版にはない5つのテーマで約400問を収録。
あなたの苦手なフレーズを自動で判定、問題をカスタマイズします。
テストは1回たったの1分半程度。
繰り返しクイズをするうちにいつのまにか『英語の耳』に！

② 音声を聴いて… ♪チェキラ

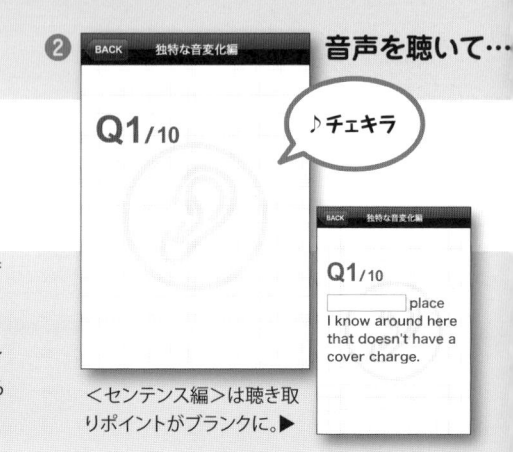

Q1/10

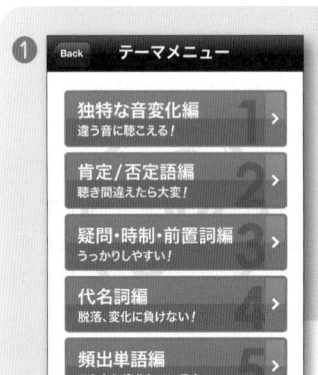

＊フレーズ編＊
フレーズの聴き取りクイズで耳慣らし。「can be＝キャビ」など、2、3語単位の音変化クイズです。

＊センテンス編＊
音変化に耳が慣れたらセンテンスでの聴き取りクイズに挑戦。聴き取りポイントの音声が、表示されるフレーズと合っているかを○×で答えます。

Q1/10
＿＿＿＿ place I know around here that doesn't have a cover charge.

＜センテンス編＞は聴き取りポイントがブランクに。▶

発売中！

最新情報は：http://www.sanshusha.co.jp/

じっくりトレーニングしたい人は ▶▶▶ 耳慣らしトレーニング

クイズで使われているフレーズを含む豊富な例文を約900収録。
どういう仕組みで音が消えたり変化したりするのかについての詳しい解説付き。
音声は画面を消したロック状態でも再生可能。
連続再生モードもあるので、電車の中などでの聴き流しトレーニングに便利です。

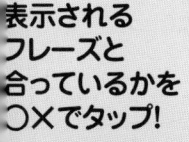

① **耳慣らしトレーニング**

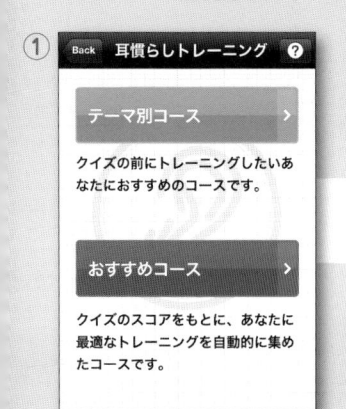

- テーマ別コース
  クイズの前にトレーニングしたいあなたにおすすめのコースです。
- おすすめコース
  クイズのスコアをもとに、あなたに最適なトレーニングを自動的に集めたコースです。

② **10 / 37**

I'm going to
→アイムゴナ
I'm [アイム] +going to [ゴナ] で「アイムゴナ」と発音。さらに短くなり、「オーマナ」のように聴こえる場合も多い。

I'm going to pick up a few things on my way home.
帰りがけにいくつか買い物をしていくよ。

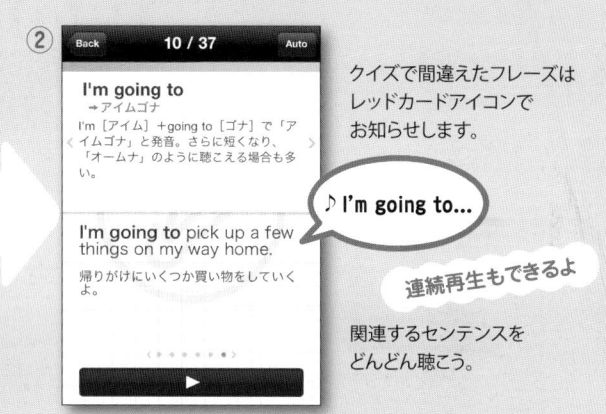

クイズで間違えたフレーズはレッドカードアイコンでお知らせします。

♪ I'm going to...

連続再生もできるよ

関連するセンテンスをどんどん聴こう。

表示されるフレーズと合っているかを○×でタップ！制限時間は5秒！

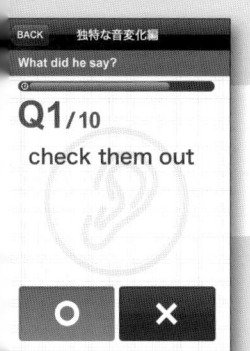

③ BACK 独特な音変化編
What did he say?
Q1/10
check them out
○ ×

不正解時はレッドカードが正答を表示します。これを繰り返すだけ！

④ BACK 独特な音変化編
What did he say?
Q1/10
check them out
check it out
チェキ[ダ]ラ
○ ×

♪ププー

まちがえたらふるえるよ

＜正解時＞
BACK 独特な音変化編
What did he say?
Q1/10
check them out
○ ×

♪ピンポーン

最後にあなたの『英語の耳』を6段階で判定！

⑤ Back 独特な音変化編 結果
あなたの耳は… 6/10 正解
マア・イ・イヤー
そこそこ！

なかなかです。
よくある音の変化をしっかりと学習し、徹底的に耳に慣れさせればかなりの上達が見込めるでしょう。

不正解フレーズ　すべて見る
- What's the → ワッサ
- come and get → カムンゲッ…
- it's going to → スゴナ
- check it out → チェキダ[ラ…

リトライ

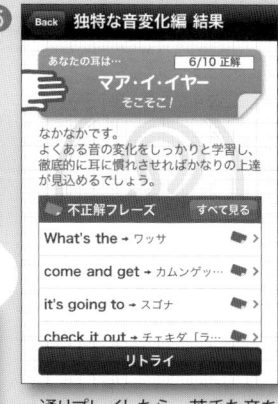

一通りプレイしたら、苦手な音を自動解析。あなただけの苦手メニューで繰り返しプレイできます。繰り返せば繰り返すほど『英語の耳』力がアップします！